헨리 나우웬의 7가지 영성 훈련
두려움에서 사랑으로

Spiritual Formation
by Henri J.M. Nouwen with Michael J. Christensen and Rebecca J. Laird

Copyright © 2010 by Estate of Henri J.M. Nouwen, Rebecca Laird, and Michael Christensen.
Published by arrangement with HarperOne,
an imprint of HarperCollins Publishers.
All rights reserved.

Korean Translation Copyright © 2011 by Duranno Press, 95 Seobinggo-dong,
Yongsan-gu, Seoul, Korea
Korean translation rights arranged with HarperOne,
through EYA(Eric Yang Agency)

본 저작물의 한국어판 저작권은 EYA(Eric Yang Agency)를 통해 HarperOne과 독점계약한 '두란노서원'에 있습니다. 저작권법에 의하여 한국 내에서 보호를 받는 저작물이므로 무단전재와 복제를 금합니다.

헨리 나우웬의 7가지 영성 훈련

두려움에서 사랑으로

지은이 | 헨리 나우웬
엮은이 | 마이클 크리스텐슨 · 레베카 레어드
옮긴이 | 윤종석
초판 발행 | 2011. 1. 10.
26쇄 발행 | 2025. 12. 13
등록번호 | 제1988-000080호
등록된 곳 | 서울시 용산구 서빙고로65길 38
발행처 | 사단법인 두란노서원
영업부 | 02)2078-3333 FAX | 080-749-3705
출판부 | 02)2078-3330

책값은 뒤표지에 있습니다.
ISBN 978-89-531-1451-7 03230

독자의 의견을 기다립니다.
tpress@duranno.com http://www.duranno.com

두란노서원은 바울 사도가 3차 전도 여행 때 에베소에서 성령 받은 제자들을 따로 세워 하나님의 말씀으로 양육하던 장소입니다. 사도행전 19장 8-20절의 정신에 따라 첫째 목회자를 돕는 사역과 평신도를 훈련시키는 사역, 둘째 세계선교™와 문서선교 단행본·잡지 사역, 셋째 예수문화 및 경배와 찬양 사역, 그리고 가정 · 상담 사역 등을 감당하고 있습니다. 1980년 12월 22일에 창립된 두란노서원은 주님 오실 때까지 이 사역들을 계속할 것입니다.

헨리 나우웬의 7가지 영성 훈련
두려움에서 사랑으로

헨리 나우웬 지음
마이클 크리스텐슨 · 레베카 레어드 엮음
윤종석 옮김

두란노

■ 추천의 글

내가 함께 지내며 경험했던 헨리 나우웬을 생생하고 충실하게 담아낸 책이다. 이 책을 적극 추천한다.
리처드 포스터_ 「리처드 포스터의 기도」 저자

헨리 나우웬의 정수가 담긴 책이다. "당신은 사랑받는 자"라는 부드러운 속삭임과 더불어 세상에서 하나님을 위해 뭔가 작고 아름다운 일을 하라는 조용한 초대가 들려 올 것이다.
쉐인 클레어본_ 「믿음은 행동이 증명한다」 저자

이 책을 읽으며 헨리 나우웬과 동행하라. 당신의 일상 속에서 하나님을 더 충만하게 만날 수 있도록 그가 특유의 지혜와 상식, 예리함과 박식함, 무엇보다 긍휼로 당신을 도와줄 것이다.
제임스 마틴_ 「루르드 일기」 저자

크리스텐슨과 레어드가 사랑의 수고를 했다. 20세기 최고의 영성 작가 한 사람을 되살려 내어 다시금 우리에게 그의 지혜와 영감을 들려준다.
윌리엄 A. 배리_ 「그대여 기도 안에서 숨쉬라」 저자

이 책은 사랑으로 변화된 마음에 이르게 하는 은혜롭고 실제적인 길잡이다. 하나님과 막힘없이 소통하고 싶은 이들에게 이 책을 추천한다.
다이애나 버틀러 배스_ *Christianity for the Rest of Us* 저자

헨리 나우웬은 내 영적 스승이다. 그의 단순하면서도 지혜로운 가르침은 영혼을 살아나게 한다.
리처드 로어_ 「내 안에 접힌 날개」 저자

헨리 나우웬에게 특별히 중요했던 측면 하나를 통합한 것이 이 책의 강점이다. 주님의 아름다움을 보기 위하여 예술작품들을 관상하는 법, 즉 '거룩한 관찰'을 배울 수 있다.
짐 포리스트_ 「복이 있나니」 저자

보기에는 이질적인 것 같지만 실상 우리 삶 속에 은혜의 이행으로 공존하는 것들, 즉 슬픔과 기쁨, 원망과 감사, 두려움과 사랑, 삶과 죽음을 이 책은 아주 감동적으로 풀어낸다.
루스 헤일리 바턴_ 「하나님을 경험하는 고독과 침묵 훈련」 저자

CONTENTS

프롤로그   더 깊은 만남으로 들어가는 길   9

Part 1
분주한 내면을 정리하는 영성 훈련

1 불투명에서 투명으로   30
2 망상에서 기도로   48

Part 2
묶임에서 자유케 되는 영성 훈련

3 슬픔에서 기쁨으로   72
4 원망에서 감사로   94
5 두려움에서 사랑으로   114

Part 3
모든 것을 품는 영성 훈련

6 배척에서 포용으로 **136**

7 죽음을 부정하는 것에서
       죽음과 친구가 되는 것으로 **154**

에필로그 영성 계발의 여정 **177**

부록 거룩한 관찰을 위한 작품 **180**

엮은이의 글 1 성령의 리듬에 맞추어 호흡하다 **189**

엮은이의 글 2 영성 계발 이론에서 헨리 나우웬의 위치 **197**

후주 207

■ 프롤로그

더 깊은 만남으로 들어가는 길

영적으로 좀더 성숙한 삶을 살기 위해 오랜 세월 애쓰며 살았지만 지금도 여전히 나는 이렇게 자문한다. '그리스도인으로서 나는 지금 어디쯤 와 있는가?' '이전보다 지금 더 하나님을 사랑하고 있는가?' '영적 여정에 오른 후 신앙이 성장했는가?'

솔직히 나는 이 질문들의 답을 모른다. 게다가 20년 혹은 40년 전에 했던 절절한 고민들이 여전히 내게 버젓이 남아 있는 것을 볼 때마다 낙심된다. 나는 지금도 내면의 평화를, 다른 이들과의 창조적인 관계를, 하나님을 더 깊이 경험하는 삶을 갈망한다. 지난 수십 년간 크고 작은 심리적·영적 변화들을 경험했지만, 그것들이 나를 조금이라도 영적인 사람이 되게 해 주었는지는 잘 모르겠다.

성취를 과도하게 떠받드는 사회에 살다 보니 영적인 삶을 사는 문제에 있어서도 자꾸 뭔가를 해야만 안심이 되는 모양이다. '지금 나는 어느 정도 수준이며 어떻게 다음 수준으로 넘어갈 것인가?' '어느 때에나 하나님과 연합할 수 있을 것인가?' '언제 깨달음의 경지에 이를 것인가?' 많은 훌륭한 성인들은 자신의 종교 체험을 기술했고, 또 다른 성인들은 그것을 여러 순서, 수준, 단계로 체계화했다. 그런 구별이 지침서를 쓰는 이들에게는 유익할지 모르나, 성령의 삶을 말할 때는 측정하겠다는 생각 자체를 아예 버려야 한다.

영성 계발은 완성에 이르는 단계들이 아니다. 영성 계발은 진리를 우리의 머리에서 가슴으로 내려보내는 움직임이다. 우리를 하나님과 서로와 참 자아와 연합하게 해 주는 '기도'를 통하여 말이다.

러시아 신비주의자인 은자(隱者) 테오판은 이렇게 썼다. "딱 한 가지만 당신을 일깨우고 싶다. 당신은 머리에서 가슴으로 내려가 그 중심에서 주님의 얼굴 앞에 서야 한다. 주님은 그대 안에 항상 임재하시며 모든 것을 보고 계신다. 마음속에 작은 불이 타오르기 시작할 때 기도는 확고부동해진다. 그 불을 끄지 않도록 하라. 그러면 그것이 자리를 잡아 기도가 저절로 되풀이된다. 그리하여 그대 안에 작은 시냇물이 돌돌거리며 흐르게 된다."[1]

예로부터 이러한 기도관이 영성 전통의 중심이었다. 기도란 생각을 마음으로 가져가 하나님의 임재 안에 서는 것이다. 성령께서 거하시는 하나님의 마음속에서 위대한 만남이 이루어진다. 우리가 그분의 얼굴 앞에 서면, 그곳에서 마음은 마음에게 말한다. 영성 계발

역시 마음의 자리에서 이루어진다.

여기에서 '마음'(heart)이라는 단어는 몸과 영과 혼이 하나로 수렴되는 곳이라는 순전히 성경적인 의미로 쓰였다. 현대의 사회·문화적 상황에서 마음은 유약한 단어가 되었다. 그저 감정이나 감상적 삶의 자리를 가리키는 말이 된 것이다. 우리는 사고가 머무는 차가운 지성과 대비하여 정서가 머무는 따뜻한 곳으로 마음을 생각한다.

그러나 유대-기독교 문화에서 마음은 모든 신체적·정서적·지적·의지적·도덕적 에너지원을 의미한다. 마음은 의지의 자리다. 계획을 세우고 타당한 결정을 내린다. 따라서 마음은 한 인격의 삶을 통합하는 중추 기관이다.

마음이 우리의 성격을 결정한다. 마음은 하나님이 거하시는 곳이지만 동시에 악한 자가 맹공격을 가하며 우리를 의심, 두려움, 절망, 원망, 과도한 집착 따위로 몰아가는 곳이기도 하다. 그래서 영적인 삶을 살며 하나님의 임재로 충만해지려면 끊임없는 기도가 필요하다. 또한 망상과 고립에서 하나님이 우리를 계속 빚으시는 마음의 자리로 돌아가기 위해선 시간이 걸리고 주의를 기울여야 한다.

내가 좋아하는 한 조각가 이야기에 지속적인 영성 계발의 중요성이 잘 나타나 있다.

한 어린 소년이 작업 중인 조각가를 지켜보고 있었다. 한참 동안 조각가는 커다란 대리석을 계속 깎아 냈다. 몇 주 후에 멋진 대리석

사자가 완성되었다. 소년은 놀라서 물었다. "선생님, 바위 속에 사자가 있는 걸 어떻게 아셨어요?"²

 대리석을 깎기 전부터 조각가는 '마음으로' 사자를 알고 있어야 한다. 조각가의 비결은, 마음으로 이미 아는 것이라야 대리석 속에서도 알아볼 수 있다는 것이다. 마음으로 천사를 아는 조각가는 대리석 속에서 천사를 볼 것이고, 마음으로 하나님을 아는 조각가는 대리석 속에서 하나님을 볼 것이다. 물론 조각가는 조각술도 있어야 한다. 조각 기술이 없으면 마음의 지식을 대리석으로 옮겨 낼 수 없기 때문이다. 하지만 마음이 계발되지 않는 한 실력과 기술만으로는 부족하다. 조각가에게 중요한 질문은 이것이다. 내가 마음으로 아는 것은 무엇인가?

 영성 계발은 마음을 계발하는 것이다. 마음이 무지하면 아무리 좋은 훈련을 받고 지식을 겸비한 영성 지도자들이라도 힘을 발휘하지 못한다. 영적인 삶을 이끌어 줄 잘 계발된 마음이 없다면 신학 지식이 많고, 목회에 숙달되어 있으며, 신비한 체험을 했고, 적극적으로 사회 활동을 한다 해도 그게 다 무슨 소용인가?

 머릿속의 지식이 하나님으로 이어질 것이냐 절망으로 이어질 것이냐는 마음에 달려 있다. 하나님의 말씀이 분석과 토론의 주제로만 남고 가슴으로 내려가지 못하면, 사랑의 길잡이 대신 파멸의 도구가 된다. 또한 우리 마음이 악한 생각이나 이기적인 생각밖에 모르면 거기에서 악과 이기심이 나오고, 우리 마음이 그리스도 안에서 하나님의 살아 있는 말씀으로 계발되면 무엇을 보든지 그 속에서 하나님의 얼굴을 가려낸다. 테오판은 그것을 이렇게 기록했다. "마음속에 하나님의 기억이 살아 있고 그분을 경외하는 자세가 지속되면 매사가 다 잘 된다. 하지만 그 기억이 희미해지거나 머릿속에만 머물면 하는 일마다 다 틀어진다."[3]

머리로만 보고 마음눈이 멀어 있으면 영적 무지를 면하지 못한다. 그러므로 영성 계발은 머리에서 가슴으로 진리를 내려보내는 지속적인 훈련을 요구한다. 그래야 참 지식과 지혜를 얻을 수 있다.

❈ 영적 성장을 위한 5가지 실천

영성 계발에 들어가려면 마음을 향한 내적 여정에 올라야 한다. 이 여정이 비록 공동체 안에서 이루어지고 봉사로 이어지긴 하지만, 첫 번째 과제는 내면을 살피고, 자신의 일상을 성찰하고, 바로 그 자리에서 하나님과 그분의 역사하심을 구하는 것이다. 과감히 내면을 들여다보는 사람들은 새롭고, 종종 극적인 도전에 직면한다. 내면생활의 불가항력적 속성인 '내면의 두려운 신비'(mysterium tremendum)를 상대해야 하는 것이다.[4]

내면생활을 실험하다 보면 매우 위험해질 수도 있다. 여러 가지 집중 연습과 자아로 함몰되는 것은 대개 유익보다 피해가 크다. 하지만 또 하나 분명한 사실은, 보이지 않는 세계와 고통스럽게 대면하는 것을 피하는 사람들은 오만하고 권태롭고 피상적인 삶을 살 수밖에 없다는 것이다.

마음의 여정에 오르는 사람의 첫 번째 과제는 새로운 내면세계에 들어설 때 부닥칠 수 있는 엄청난 혼돈을 밝히는 일이다. 내면의 지형을 걷기에 자신이 얼마나 준비가 부실한가를 깨닫는 건 힘든 과정이다. 기독교 지도자들은 교회, 학교, 병원에 사람을 모아 놓고 서커스 단장처럼 쇼를 벌이는 데 익숙해져 있다. 반면 내면에서 벌어지는 성령의 깊고 중요한 움직임은 낯설어하며 그것을 다소 두려워하기까지 한다.

교회의 근본 과제는 우리 삶의 근원이신 하나님과 소통할 수 있는 창조적인 길들을 사람들에게 제시하는 것인데, 나는 앞으로 수십 년 후 교회가 그 과제에 실패했다는 비판을 받게 될까 봐 두렵다.

그 위기를 우리는 어떻게 모면할 수 있을까? 나는 우리 존재의 중심부인 마음속으로 들어가 복잡한 내면과 친해지는 길밖에 없다고 생각한다. 내가 사는 집이 정말 편안해지면, 즉 밝은 곳만 아니라 컴컴한 구석들, 통풍이 잘 되는 방들만 아니라 닫혀 있는 방들도 알게 되면, 우리의 혼란과 불안은 즉시 사라진다. 그리하여 우리는 창조적인 작업을 능히 할 수 있게 되며 지식을 따라 영적인 삶을 살게 된다.

여기서 핵심 작업은 명확히 표현하는 것이다. 자기 내면생활의 움직임들을 정확하게 짚어 내 표현할 수 있는 사람들, 자신의 다양한 경험에 이름을 붙일 수 있는 사람들은 더 이상 피해의식에 사로잡혀 살지 않는다. 오히려 그들은 성령의 역사를 방해하는 장애물들을 꾸준히 제거할 수 있다. 그들은 마음이 자기보다 크신 분, 눈으로 자기보다 더 많은 것을 보시는 분, 손으로 자기보다 더 많은 것을 치유하고 빚으시는 분께 자리를 내어 드릴 수 있다.[5]

모든 관계의 중심인 하나님과 당신의 관계는 어떤가? 그 보이지 않는 궁극의 실체가 인도와 계발의 원천이 되시는가? 하나님은 정말 임재하시며 우리 생활의 결과에 관심이 있으신가? 예로부터 사람들에게는 이런 궁금증이 있었고 지금도 많은 이들이 같은 질문을 던진다. 오늘날 많은 교회와 신학교, 신학대학원이 이제서야 영성 계발이 기독교 교육의 필수 요소임을 깨닫고 있다. 그간 많은 이들에게 영성은 연구와 교육의 진지한 주제로 삼기에는 너무 사사롭고 막연해 보였다. 그러나 1950년대와 60년대에 임상목회 교육이 그랬듯이, 영성 계발과 영성 지도는 우리 세기의 신학 교육과 계발에 꼭 필요한 연구 분야다.

누구든 영적인 삶을 진지하게 대하며 하나님과의 더 깊은 만남으로 들어가기 원하는 사람은 영성 계발 및 지도의 필요성을 즉시 깨닫는다. 이 내면의 여정을 향해 가려면 마음의 움직임들과 그 모든 양극성을 보되 역사와 전통을 존중하는 방식으로 그리해야 한다.

영적인 삶을 키우는 핵심 방법인 기도와 묵상을 아무렇게나 실험하게 둘 수는 없다. 우리 시대의 많은 새로운 운동들은, 영적인 힘을 지도자 없이 실험하는 일이 위험할 수 있다는 것을 여실히 보여 준다. 우리 영혼을 괴롭히는 많은 부정한 영들과 하나님의 영을 분별하도록 돕는 사람이 없다면, 이 위태로운 영역에 들어가 봐야 십중팔구 큰 피해를 입는다.

영성 계발의 필요성에 수긍하는 이들은 많겠지만, 그것을 실제로 적용하는 건 대다수 사람들에게 여전히 어려운 문제다. 서구 기독교 영성 역사의 무수한 유파들에서 분명히 볼 수 있듯이, 영성 계발의 방법은 다양하다. 그러나 그 엄청난 다양성 가운데에서, 영적 성장에 관심이 있는 사람들에게 길잡이가 되어 줄 몇 가지 연습들을 각자에게 맞게 뽑아낼 수 있다.

여기서 나는 특별히 5가지 실천에 집중하려 한다. 5가지 실천은 우리 마음과 인생이라는 살아 있는 문서에 대한 성찰, 거룩한 독서(*lectio divina*), 침묵, 공동체 생활, 봉사다. 이 영역들을 함께 훈련하면 하나님을 위하여 우리 마음을 빚는 데 유익하다. 또한 훈련할 때 영성 지도자와 신앙 공동체가 곁에서 지켜봐 주면 더욱더 좋다.

마음과 인생에 대한 성찰

진정한 영적 삶의 기초는 인간 조건에 있다. 이것은 일상의 존재 바깥의 삶도, 이전의 삶도, 이후의 삶도, 그 너머의 삶도 아니다. 영적인 삶이란 지금 여기, 아픔과 기쁨의 한복판에서 살 때에만 진정한 것일 수 있다. 그러므로 성령에 굶주린 자신을 더욱 깊이 인식하려면 매년, 매주, 매일, 매시간 자신이 생각하고 말하고 느끼고 행동하는 방식을 주의 깊게 살펴보는 것부터 시작해야 한다. 현재 생활 방식에 대한 내면의 불만 및 '영적인 것'에 대한 갈망이 애매모호한 상태에 머무는 한, 우리 삶은 전반적으로 우울한 침체를 벗어나지 못할 것이다.

우리는 흔히 이렇게 말한다. "나는 별로 행복하지 않아. 이런 삶이 만족스럽지도 않고, 정말 기쁘거나 평안하지도 않아. 하지만 그렇다고 달라질 방법이 있는 것도 아니잖아. 내 인생을 현실 그대로 받아들여야지."

이런 체념 상태는 적극적으로 현실에 이름 붙이고, 경험을 명확히 표현하고, 성령의 삶 속으로 더 깊이 들어가지 못하게 우리를 가로막는다.

메닝거 클리닉에서 수련하던 1960년대 말에 나는 종교 심리학과 현대 목회상담운동의 선구자인 안톤 보이슨의 생애와 사상을 연구하여 그에 대한 논문을 썼다. 보이슨이 연구한 내용은 자전적 성격이 강하다. 사역의 길로 부름 받은 후에 그는 방황기를 거쳤는데, 그 정신적 혼란기에 보이슨은 자신의 삶이라는 문서를 '읽기' 시작했다. 그는 하나님과 함께하는 영적 삶에 관한 공부란 "책에 나오는 전통이나 이론으로 시작해서는 안 되고, 살아 있는 인간 경험을 열린 마음으로 탐구하는 데서 시작해야 한다"라고 보았다.[6]

보이슨의 표현대로, 당신의 삶과 인생이라는 '살아 있는 문서'를 적극적으로 성찰하면 인간 조건의 내적 양극성들이 명확해지면서 더 온전한 통합으로 나아가게 된다. 마음에 대해 깨달으면, "가장 개인적인 것이 가장 보편적인 것이다"[7]라는 사실도 알게 된다.

거룩한 독서(Lectio Divina)

베네딕트회 전통에서 온 '렉티오 디비나'라는 말은 주로 성경을 거룩하게 또는 경건하게 읽는 것을 가리킨다.[8] 우리 사회가 경쟁적이고 생산성을 따지고 회의적인 데다가 복잡하다 보니, 내가 말씀을 읽고 말씀이 나를 읽는 것을 사회 전체가 방해한다는 의혹이 점점 더 커진다. 이러한 가운데 거룩한 독서를 꾸준히 연습하면 내 이야기와 하나님의 이야기가 만나는 경우가 생기고, 그 순간 뭔가 놀라운 일이 벌어진다. 성경을 거룩하게 읽는 것은 '무릎을 꿇고', 곧 하나님께서 내 독특한 상황에 주실 말씀이 있음을 굳게 믿고, 경청하는 자세로 읽는다는 뜻이다.

성경은 정보를 전하는 책이 아니라 우리를 빚어 주는 책이다. 그저 분석하고 따지고 토론하는 대상이 아니라 우리에게 양분을 주고, 머리와 가슴을 이어 주는 거룩한 책이다. 성경을 조언과 설교와 강의와 논문과 기사에 도움이 될 좋은 이야기와 적절한 예화가 가득한 책으로 읽으려는 유혹을 경계해야 한다. 아무리 유익한 일에 쓴다고 해도 하나님의 말씀을 도구로 대하는 한 우리는 정말 성경을 읽는 것이 아니다.

우리가 성경을 이용하려고만 들면 성경은 우리에게 말하지 않는다. 그러나 말씀을 들을 자세가 되어 있으면, 성경에 있는 메시지가 우리 마음의 중심부로 뚫고 들어 올 수 있다. 이는 결코 쉬운 일이 아니다. 변화를 갈망하는 열린 마음, 원하지 않는 곳으로 인도하셔도 따르겠다는 의지가 필요하기 때문이다(요 21:18 참조).

성 어거스틴은 말씀이 자기에게 향한 것이라고 받아 묵상했을 때 삶이 완전히 달라졌다. 역사 속의 다른 성인들과 오늘날 많은 사람들이 들려주는 회심 이야기도 동일하다. 하나님의 말씀으로 말미암아 다시 태어나면 진리의 성령님께 우리 마음이 열린다. 그래서 세상이 조장한 욕망에 사로잡혀 무지했던 상태를 깨치고 나오게 된다.

우리 사회가 점점 말(word) 지향에서 벗어나 시각에 더 치중하는 만큼, 하나님의 말씀을 받는 데도 다른 방법들이 필요하게 되었다. 이런 시대적 필요로 인해 성화나 예술작품을 경건하게 바라보는 '거

룩한 관찰'이 우리 삶 속에서 하나님이 움직이시는 것을 보고 느끼는 새로운 방법으로 재등장했다.[9]

나는 성화를 바라보며 하는 기도의 위력을 안다. 그동안 나는 기도할 수 없을 때, 피곤해서 복음서를 읽을 수 없을 때, 마음이 불안해서 하나님을 향해 생각이 집중되지 않을 때, 우울해서 하나님께 말이 안 나올 때, 너무 탈진해서 아무것도 할 수 없을 때가 많았다. 그래도 그림은 쳐다볼 수 있었고, 그 그림은 즉시 나를 하나님의 사랑 안으로 데려다 주었다. 이제 나는 여행할 때도 루블료프의 〈구약성서 삼위일체〉(Icon of the old Testament Trinity)와 빈센트 반 고흐의 〈해바라기〉(Sunflowers) 사본을 가지고 다닌다. 아무리 마음이 산란하고 절망스러워도 성화는 하나님의 마음으로 들어가는 창이 되어 준다.[10]

침묵

하나님의 말씀은 침묵이 없이는 열매 맺을 수 없다. 현대 생활의 가장 맥 빠지는 것 중 하나는 침묵이 거의 완벽하게 존재하지 않는다는 사실이다. 끝없는 잡담과 소음, 첨단기기 통신이 계속 마음으로 내려가는 길을 막는다면, 과연 우리 마음의 중심에서 하나님의 말씀을 받는 게 가능할지 의문이다. 밀라노의 암브로시우스는 "침묵으로 구원받는 사람은 많이 보았어도 말로 구원받는 사람은 하나도 보지 못했다"라고 말했다. 성 세라핌도 "침묵은 오는 세상의 성례요

말은 이 세상의 무기다"라고 했다.[11]

침묵은 영성 계발의 왕도다. 영적인 삶을 살려는 사람치고 침묵에 대한 갈망이 깊어지지 않는 사람을 나는 본 적이 없다. 진리의 성령을 찾는 사람들은 "혀는 …… 불의의 세계라 …… 우리 지체 중에서"(약 3:6)라고 한 말씀을 점점 더 실감하게 된다. 마음속과 머릿속이 우리가 지어내는 말들로 가득 차 있는 한, 말씀이 우리 마음 깊이 들어와 열매 맺을 공간은 없다.

하나님의 말씀은 침묵 속에서 그리고 침묵을 통하여 머리에서 가슴으로 내려가고, 거기에서 우리는 말씀을 되새김질하고 곱씹고 소화하여 내 속에 살과 피가 되게 한다. 이것이 묵상이다. 침묵이 없으면 말씀이 우리 내면의 길잡이가 될 수 없다. 묵상이 없으면 말씀이 우리 마음속에 집을 짓고 그곳에서 말할 수 없다.

말씀을 묵상하며 침묵 안에서 마음에 이르는 것은 쉬운 훈련이 아니다. 우리는 잡념에 빠져 산만해지기 일쑤다. 우리는 내면의 경험들 중에 어떤 것을 믿어야 하고 어떤 것을 믿지 말아야 할지, 마음의 감화들 중에 어떤 것을 따라야 하고 어떤 것을 외면해야 할지 모른다. 머리에서 가슴으로 내려가는 길에는 함정이 있다. 그러므로 영적인 삶을 진지하게 대하는 사람들이 늘 영성 지도를 받으려고 하는 건 당연한 일이다.

최근 들어 가장 고무적인 징후는 영성훈련센터들이 생겨나고 있다는 것이다. 내적 자유의 추구가 늘고 있고, 성령과 많은 거룩하지 못한 영들을 분별하는 일을 도울 수 있는 사람들의 필요성도 커지고 있다. 지금이야말로 영성 지도가 도움이 될 만한 때다.

거룩한 독서, 침묵, 분별, 영성 지도는 영성 계발의 중심 요소들이다. 하나님의 말씀을 고독과 침묵 중에 받되, 충분히 자격을 갖춘 영성 지도자의 인도 아래에서 분별하는 과정을 거쳐야 한다. 그러나 그것이 영성 계발의 전부는 아니다. 사실, 그것은 영성 계발이 지극히 개인적인 일이라는 인상을 줄 수 있기에 오도의 소지마저 있다.

나는 말씀을 혼자 읽고 침묵과 고독 속에 들어간다. 또한 전문가와 대화하며 마음의 길을 걷는 데 도움을 받기도 한다. 하지만 그것들로는 부족하다. 영성 계발은 개인의 신앙 연습이 아니라 공동체의 영성 훈련이다. 개인적으로도 물론 하나님을 경험하지만 우리는 함께 하나님의 백성으로 빚어진다.

공동체 생활

영성 계발에는 마음을 향한 내적 여정만이 아니라 마음에서 공동체와 사역으로 나아가는 외적 여정도 필요하다. 기독교 영성은 본질상 공동체적이다. 영성 계발은 공동체 내에서 이루어진다. 개인 기도는 공동체 생활과 따로 떼어서 이해할 수 없다. 영적인 삶에서 기도는 공동체로 이어지고 공동체는 기도로 이어진다. 공동체에서 우리는 자신의 연약함을 고백하고 서로 용서를 구하는 법을 배운다. 공동체에서 우리는 자신의 상처와 치유의 장을 동시에 발견한다. 공동체에서 우리는 참된 겸손을 배운다. 공동체가 없으면 우리는 개인주의적, 자기중심적이 된다. 그러므로 영성 계발에는 언제나 공동체 생활을 계발하는 것이 포함된다.

마음의 성찰, 거룩한 독서, 침묵, 분별, 영성 지도는 영적 공동체와 신앙 전통이라는 문맥 안에서만 온전히 실현될 수 있다. 그러므로 하나님의 말씀을 읽고 침묵 속에 듣는 일은, 지도자의 가르침 하에 고독 속에서 개인이 완성하는 기술이 아니다. 영성 지도자는 도를 얼마나 깨달았느냐에 따라 권위가 좌우되는 소위 '도사'가 아니라 당신과 함께 듣고 기도하는 신앙의 한 사람이요 분별력 있는 동반자다. 여기서 우리는 기독교와 많은 다른 종교의 차이를 알 수 있다.

기독교 영성은 공동체에서 비롯될 뿐만 아니라 공동체를 만들어낸다. 그 영성은 내주하시는 성령과 더불어 사는 우리 내면의 삶에 양분을 준다. 하나님의 영은 우리 공동생활의 중심이시다. 참으로, 가장 개인적인 것이 결국은 가장 공동체적인 것이고, 가장 내밀한 부분이 결국은 가장 공적인 부분이 된다. 개개인의 삶에 좋은 양분이 되는 것이 결국은 고난당하는 세상을 위하여 활동하는 우리, 곧 하나님 백성의 삶에도 최고의 양식이 된다.

그러므로 기도와 공동체가 항상 연결되어 있는 것은 놀랄 일이 아니다. 우리 안에서 기도하시는 성령이 또한 우리를 한 몸으로 연합시키시기 때문이다. 이렇게 우리는 서로 사랑하면서 세상의 쇄신을 위하여 일하도록 부름 받았다.

영적 공동체는 우리로 하여금 경쟁 사회의 망상들을 벗고 현실을 직시하게 해 준다. 공동체 안에서 그리고 공동체를 통하여 우리는 서로를 그리스도 안의 형제자매요 한 하나님의 아들딸로 인식하게 된다. 공동체는 마음의 자질이기에 특정하고 제도화된 형태로 단정할 수 없다. 성령의 선물인 공동체는 말과 침묵으로, 발언과 경청으로, 공동생활과 고독한 삶으로 그리고 다양한 형태의 예배와 적극적 봉사로 나타난다.

봉사

봉사란 섬기고, 사람들을 사랑하고 돌보며, 그들 안에서 하나님의 마음을 알아보는 것이다. 예수님의 참 제자는 언제나 약하고, 상하고, 병들고, 고통받고, 가난하고, 외롭고, 잊히고, 불안하고, 잃어버린 사람들이 있는 곳으로 간다. 소외당하는 연약한 자리로 가서 위안을 베푼다는 건 어려운 일이다. 그것은 우리가 가난한 이들 가운데서 예수님의 임재를 발견하고, 가난한 이들이 베풀 수 있는 많은 선물을 인식할 때에만 가능하다. 그러므로 영성 계발에는 늘 참된 긍휼의 정신으로 가난한 이들의 필요에 응답하는 일이 포함된다.

마음 계발을 개인 차원에서 이해하려는 유혹이 들 때 중요하게 기억해야 할 것이 있다. 공동체는 우리를 사역으로 이끈다는 사실이다. 사역이란, 하나님의 사람들에게 봉사를 뜻한다. 영성 계발은 결코 일대일 관계가 중심이 되는 심리학적 모델로 축소될 수 없다. 말씀, 침묵, 영성 지도 등의 훈련을 개인주의적 상황에서 실행하면 우리의 자아도취적 성향을 키우고 영적 자기중심성을 부추기는 효과밖에 없을 것이다.

　하나님의 말씀은 공동체 안에서 읽는 것이고, 침묵 역시 공동생활의 일부다. 영성 지도를 이해하고 체험하는 것도 우선 더 큰 공동체의 이름으로 해야 한다. 사역도 신앙 공동체의 이름으로 받아서 수행하는 소명이다. 이렇듯 영성 계발이란 마음을 계발하는 일이 공동체 속에서 지속되고 세상을 향한 봉사로 표현되는 것이다.

❊ 자유에 이르는 길

　오늘날 영성 계발의 중요성을 가장 명확히 표현할 수 있는 방법은 그것을 마음으로 가는 길이자 자유에 이르는 길로 보는 것이다. 그 길은 하나님 존전에 머무는 고독에서 하나님의 백성과 함께하는 공동체로 그리고 다시 모두를 향한 사역으로 나아가는 길이다. 마음의 길은 진리에 이르는 길이다.

"진리가 너희를 자유롭게 하리라"(요 8:32).

제자들을 떠나시면서 예수님은 "내가 떠나가는 것이 너희에게 유익이라 내가 떠나가지 아니하면 보혜사가 너희에게로 오시지 아니할 것이요 가면 내가 그를 너희에게로 보내리니 …… 그가 너희를 모든 진리 가운데로 인도하시리니"(요 16:7-13)라고 말씀하셨다. 진리의 영은 우리를 속박하는 무지와 망상에서 우리를 해방시키신다.

무지는 우리로 하여금 수용을 기대할 수 없는 곳에서 수용을 구하게 하고, 변화를 얻을 수 없는 곳에서 변화를 바라게 한다. 망상은 마치 우리 힘으로 새 세상을 만들고 지배할 수 있다는 듯이 그것을 위하여 싸우게 하고, 마치 우리가 최종 심판자인 것처럼 이웃들을 비판하게 한다. 무지와 망상은 우리를 세상에 옭아매고 고난과 슬픔을 야기한다. 그러나 마음으로 가는 길은 자유로 이어진다.

영적인 삶이란 하나님의 영으로 말미암아 해방되어 충만하게 누리는 삶이다. 성령은 우리를 '세상에 있으나 세상에 속하지 않은' 존재로 만드신다. 즉, 헛된 애착에 얽매이지 않고 움직일 수 있고, 인간의 거부를 두려워하지 않고 자유로이 말할 수 있으며, 갈등과 슬픔에 에워싸여서도 평화와 기쁨으로 살아갈 수 있다.

성령께서는 1세기의 제자들을 해방시켜 박해와 투옥과 죽음도 마다 않고 이역만리까지 가서 담대히 하나님의 말씀을 전하게 하셨다. 우리에게 자유를 주어 이 죽음의 질서가 지배하는 사회에서 새 생명의 증인들로 살아가게 하시는 분도 성령이시다.

영성 계발은 두려움과 강박과 원망과 슬픔을 벗어나 세상에서 기쁘고 용감하게 섬기며 살도록 우리를 준비시켜 준다. 설사 원하지 않는 곳으로 인도하심을 받는다 해도 말이다. 영성 계발은 비정한 세상 속에서 그리고 우리 자신의 마음속에서 하나님의 얼굴을 보게 해 준다. 이 자유가 있기에 우리는, 굴레와 두려움 속에 살아가는 모든 이들에게 우리 능력과 삶을 통하여 그분의 얼굴을 보여 줄 수 있다. 예수께서 제자들에게 말씀하신 대로, "아들이 너희를 자유롭게 하면 너희가 참으로 자유로우리라"(요 8:36).

지금부터 머리에서 가슴과 그 이상으로 옮겨 가는 이행들을 통하여 내적 양극성을 추적해 나갈 것이다. 각 장은 불투명, 망상, 슬픔, 원망, 두려움, 배척, 부정 등 인간이 경험하는 상태를 하나씩 꼽으면서 우리를 기도와 영성 계발로 이끌고 있다. 이 내적 움직임에 따를 때 우리는 하나님의 영으로 말미암아 마음의 자리로 거듭 인도받으며 온전해질 수 있다.

헨리 나우웬

Part 1

SPIRITUAL FORMATION

following the movements of the spirit

분주한 내면을
정리하는
영성 훈련

Spiritual formation

1 불투명에서 투명으로

영적인 삶은 구질구질하게 살다가 가끔씩 좋은 순간도 있는 삶이 아니라 모든 순간을 투명한 창으로 탈바꿈시켜 누리는 풍성한 삶이다. 보이지 않던 세계가 이제는 그 창으로 또렷이 보인다.

삶의 커다란 신비와 한계 앞에서 우리의 머리로는 하나님을 알 수 없다. 영성 계발은 종종 고통스럽게 그 사실을 깨닫는 데서 시작된다. 우리는 많은 주제에 능통할 수 있으나 하나님의 세계에는 전문가가 될 수 없다. 하나님은 우리 유한한 사고의 틀 안에 갇히지 않으신다. 그래서 영성 계발은 신에 대한 교만한 지식이 아니라 '유식한 무지'(docta ignorantia)로 우리를 이끈다.

❈ 틀 안에 가둘 수 없는 하나님

하나님은 특정한 사상, 개념, 견해, 소신으로 '이해'하거나 '파악'할 수 없는 분이다. 또한 하나님을 특정한 정서나 영적 느낌으로 규정할 수도 없다. 하나님은 좋은 기분, 바른 의도, 영적 열정, 후한 마음, 무조건적 사랑과 동일시될 수 없다. 그 모든 경험이 우리에게 하나님의 존재를 일깨워 줄 수는 있으나 그것이 없다고 해서 하나님도 없다고 증명할 수는 없다. 하나님은 우리 생각보다 크시고 우리 마음보다 크시다. 하나님을 우리의 작고 유한한 개념에 맞추려는 유혹을 피해야 하듯이 하나님을 우리의 작고 유한한 감정에 맞추는 것도 삼가야 한다.

혹독하게 훈련해서라도 어떤 주제든지 통달하고 모든 지식을 소유하고 자신의 운명까지 지배해야 한다고 말하는 문화에서, 이는 받아들이기 힘든 사실이다. 의사와 변호사와 심리학자는 공부를 통해 공인 전문가가 되어 지식에 대한 보수를 받는다. 그러나 잘 수련된 신학자나 사역자가 할 수 있는 일이라고는, 하나님을 우리의 작은 생각과 기대 정도로 좁히려는 보편 성향을 지적하는 것과 하나님이 계시될 수 있도록 생각과 마음을 열라고 촉구하는 것뿐이다.

그렇다면 우리는 이 알 수 없는 하나님을 어떻게 구할 것인가? 기꺼이 자신의 잔을 비워야 하고, 사람들을 대할 때 내 경험을 기준으로 삼는 버릇을 버려야 한다. 그러면 삶이 나 혼자의 삶보다 크고, 역사가 우리 가정의 역사보다 크고, 경험이 나 자신의 경험보다 크고, 하나님이 나의 신(神)보다 큼을 볼 수 있다.

신학적 고찰과 영성 계발은 모두 '유식한 무지'와 '수용하는 빈 마음'을 요하며, 이를 통하여 하나님이 계시될 수 있다. 우리에게 신학이 하나님의 알 수 없는 세계에 생각을 열라고 하듯이, 영성은 우리에게 머리를 비우고 가슴을 열어 삶을 선물로 받아 누리라고 말한다. 성령이 충만하게 임재하시려면 우리의 머리보다도 가슴을 더 비워야 한다. 이렇게 자신을 비우고 성령으로 충만해지는 과정을 영성 계발이라 한다. 즉, 그것은 관상 기도와 포용적 공동체와 긍휼에 찬 사역의 도움으로, 인간의 삶 속에 하나님의 마음이 점차 계발되는 과정이다.

❊ 흐릿한 것을 걷어 내는 관상 기도

마음으로 기도하는 사람들에게 세상은 투명해진다. 경험의 세계가 그 너머에 있는 지혜와 이해의 광명한 근원을 가리키기 시작한다. 하나님의 영이 다스리시는 세계가 반투명 상태로 나타나는 것이다. 이렇듯 관상(contemplation)은 육안에 가려진 세계를 가시화한다.

수도원 영성에 큰 영향을 미친 사막의 교부 에바그리우스 폰티쿠스는 관상을 "자연 관조"(*theoria physike*)라 했다. 사물의 '참 본질'(*physike*)을 보는 '시각'(*theoria*)이라는 뜻이다. 관상가는 사물을 실체대로 보는 사람, 사물과 사물이 맞물린 이치를 바로 보는 사람, 토머스 머튼의 표현대로 "별 일이 무엇인지" 아는 사람이다. 이런 시각을 얻으려면 영적 훈련이 필요하다. 에바그리우스의 가르침을 익히 잘 알았던 토머스 머튼도 같은 생각이었다. 그는 관상하는 삶이란 불투명에서 투명으로, 즉 사물이 흐릿하고 탁하고 막히고 닫혀 있는 자리에서 동일한 사물이 투명하고 뚫려 있어 그 너머 멀리까지 보이는 자리로 끊임없이 이동하는 삶이라고 말했다.[1]

관상 기도(contemplative prayer)를 하면 우리 앞에 사물의 참 본질이 드러난다. 통제의 망상, 우리를 소유하려는 재물의 속성, 거짓 자아의 가식이 벗겨진다. 관상 기도를 하는 이들에게 세상은 새롭고 투명하다. '새 땅'이 그 고유한 성질로 빛을 발한다. 세상에서 영적으로 산다는 것은 망상의 가면을 벗고, 어둠을 몰아내고, 빛 가운데 행하는 것이다.

창밖을 볼 수 없다면 제대로 된 창이 아니듯, 우리가 인식하는 세상도 불투명하여 그 너머로 통해 있지 않다면 세상의 참 정체를 보여 줄 수 없다. 영성 계발 과정에서 삶 전체는 자연 관조, 즉 사물의 본질을 보는 또렷한 시각이 된다. 하나님의 영은 3가지 중심적 관계에서 '불투명에서 투명으로' 이행하는 법을 우리에게 가르쳐 주신다. 바로 자연과의 관계, 시간과의 관계, 사람들과의 관계다.

자연이 투명해지다

최근 수십 년 사이에 우리는 자연의 중요성을 각별히 인식하게 되었다. 모든 자연 속에는 귀한 비밀들이 숨어 있는데, 우리가 자연의 참 모습을 영적으로 보고 귀 기울여 듣지 않는다면 그 비밀들이 우리에게 계시될 수 없다.

존 헨리 뉴먼은 가시적인 세계를 하나의 베일로 보았다. 그는 이렇게 썼다. "눈에 보이게 존재하거나 발생하는 모든 것은 그 너머에 있는 더 큰 세계의 사람들과 사실들과 사건들을 속에 감추고 있으면서 또한 내비쳐 주며, 무엇보다 그것들의 시중을 든다."[2] 이 베일을 늘 의식하고 산다면, 즉 자연이 하나님의 위대한 사랑 이야기를 가리키는 것을 우리가 전 존재로 느낀다면, 우리의 삶은 얼마나 달라질 것인가.

나무, 강, 산, 들, 바다를 우리의 현실적 또는 인위적 필요를 채우는 이용 대상으로 대하면, 자연은 우리에게 자신의 참 존재를 드러내지 않는다. 의자의 재료일 뿐인 나무는 성장에 대하여 들려줄 많은 이야기를 하지 않고 입을 다문다. 산업 폐기물 하치장밖에 못 되는 강은 더 이상 우리에게 신비로운 움직임에 대해 말해 주지 않는다. 인조 장식의 소품에 지나지 않는 꽃은 삶의 소박한 아름다움에 대하여 해 줄 말이 별로 없다. 더러운 강, 스모그에 찌든 하늘, 노천 채굴로 벌거벗은 산, 황폐해진 숲은 우리 사회의 불투명한 징후들로서, 공해와 환경 재앙으로 나타나 우리가 자연과 맺고 있는 그릇된 관계를 폭로한다.

서글프게도, 자연이 우리에게 해 주는 '사역'을 믿지 않는 사람들이 참 많다. 우리는 사역을 사람이 사람에게 하는 일로 쉽게 제한한다. 하지만 우리가 치유하고 상담하고 가르칠 기회를 다시 자연에게 준다면, 그것이야말로 세상을 놀랍게 섬길 수 있는 길이 될 것이다.

자연을 소유할 재산, 정복할 영토로 보는 데서 자연의 참 아름다움과 영광을 보는 것으로 옮겨 가는 것이 우리의 어렵고도 시급한 과제다. 예를 들어, 꽃을 꺾으면 꽃은 우리 손에서 시든다. 꽃은 본래 꺾는 대상이 아니라 느긋한 사색의 대상이다. 시간을 두고 지켜보면 꽃은 우리에게 자신의 참 아름다움을 열어 보인다. 언젠가 친구가 나에게 예쁜 수련 사진을 선물했다. 그렇게 멋진 사진을 어떻게 찍었느냐고 물었더니 그는 씩 웃으며 대답했다. "음, 아주 골똘히 응시해야 했다네. 몇 시간이나 찬사를 듣고 나서야 수련이 나에게 촬영을 허락해 주더군."

피조물을 조종하기보다 관상할 때 우리는 자연을 하나님의 선물로 보고 아끼고 돌볼 수 있다. 하나님이 지으신 것들을 감사와 설렘으로 마음 깊이 받을 때 우리는 자연을 그 실체대로, 외경과 존중을 요하는 초월적 실재로 보는 것이다. 그러면 자연은 투명해지고, 삶은 새로운 언어로 우리에게 하나님의 선하심과 아름다우심을 계시하기 시작한다. 우리와 더불어 사는 식물들과 동물들은 우리에게 출생과 성장과 성숙과 죽음에 대하여, 특히 인내와 희망의 중요성에 대하여 가르쳐 준다.

이것이 모든 건강한 자연 환경의 성례적 기초다. 빵은 빵 이상으로, 제자이자 친구였던 이들과 함께 빵을 떼신 그분을 나타낸다. 물은 물 이상으로, 우리의 영적 출생을 가리킨다. 포도주도 인간의 손으로 짠 포도 열매의 즙 이상이다. 우리에게 포도주는 그리스도의 피, 구원의 잔이 된다. 가장 심오하게, 성찬식에 쓰이는 빵과 포도주는 그 너머의 큰 이야기 즉 우리의 재창조를 가리켜 보인다. 세상을 창조하신 하나님의 자애로운 얼굴을 보는 눈이 있는 사람들에게 자연이 자신을 드러내면, 음식과 음료, 옷과 집, 산과 강, 바다와 하늘이 모두 투명해진다.

시간이 투명해지다

불투명에서 투명으로 지속적인 움직임이 필요한 두 번째 관계는 시간을 보는 방식이다. 영성 계발 과정에서는 자연만 아니라 시간의 질도 재조정된다.

불투명한 세상에서 시간은 늘 우리의 적이 되어 위협한다. 심지어 시간은 우리를 속박한다. 우리는 이렇게 말한다. "할 일을 다 할 수 있으면 좋겠는데 통 시간이 없어. 시장에서 장보고, 과제를 끝내고, 수업에 가고, 열 군데 넘게 전화를 걸고, 친구 병문안을 하고, 운동과 묵상을 하고……. 오늘 해야 할 모든 일을 생각만 해도, 머리가 지끈지끈해."

요즘 사람들은 부탁하는 말을 흔히 이렇게 시작한다. "바쁘신 줄 알지만 잠시 괜찮겠습니까?" 우리는 가장 중요한 결정들을 '끼니를 간단히 때우며' 내린다. 그야말로 우리가 시간을 소유하는 게 아니라 시간이 우리를 소유하는 것 같다.

시간을 '크로노스'(*chronos*, 순서대로 흘러가는 시간)로 경험하면, 인생사는 우리 소관 밖에서 우연한 사건들이 멋대로 연결된 것에 지나지 않는다. 시간은 불투명해지고 꽉 막힌다. 우리 이야기 배후의 일관된 맥을 꿰뚫어 볼 수 없다. 실망, 실직, 재산 피해, 질병, 죽음은 최대한 부정하고 피해야 할 무의미한 불상사로 경험된다. 시간이 '크로노스'일 뿐이면, 항상 시간에 쫓기고, 스케줄은 짐이 된다. 이 땅에서 우리에게 주어진 시간은 다 되어 가는데 삶은 녹초가 된다. 우정, 축복, 축제의 시간이 없어진다.

시간은 '크로노스'에서 마음이 변화될 기회인 '카이로스'(*kairos*)로 바뀌어야 한다. 영적인 삶은 시간이 서서히 투명해지는 과정이다. 오늘, 이번 주, 올해의 많은 사건들은 충만하고 보람된 삶의 장애물이 아니라 오히려 그런 삶을 향해 가는 길이다. 그것이 보이기 시작할 때 우리는 진정한 변화를 경험한다. 수업 참석, 친구 만나기, 요리, 심지어 설거지까지도 일련의 임의적 활동이 아니라 그 안에는 변화와 재창조의 능력이 들어 있다. 그것을 깨닫고 나면 우리는 크로노스에서 살다가 카이로스(적절한 때, 지금 이 순간, 변화의 계기, 평생의 기회)로 옮겨 간다. 우리 시간이 카이로스가 되면, 새로운 가능성과 기회가 눈앞에 무한하게 펼쳐진다.

예수님의 삶과 사역을 보면, 모든 사건이 카이로스로 인식된다. 그분은 "때가 찼고"(막 1:15)라는 말씀으로 공생애를 시작하신다. 매 순간의 삶을 그분은 모든 것을 새롭게 하는 기회로 살아가신다. 불과 3년 반 만에 그분은 자신의 때가 가까이 왔다고 밝히시고(마 26:18 참조) 마지막 시간에 들어가신다. 이윽고, 몸의 죽음이 부활의 생명으로 변화되자 예수님은 인류 역사를 한낱 크로노스에서 카이로스로, 즉 과거와 현재와 미래가 현 순간으로 수렴되는 하나님의 시간으로 해방시키신다.

시간이 변화되어 불투명하던 것이 투명해지면 우리는 하나님이 일하시는 손을 알아보기 시작한다. 하나님의 손은 우리 개개인의 삶뿐만 아니라 온 세상을 그분이 살아 계심을 나타내는 사랑의 산 증거로 빚으신다. 그때 우리는 복음을 선포할 수 있다. 이것이 하나님의 세상이라고 말이다. 시간은 하나님의 손안에 있다. 지금도 우리가 알지 못하는 심오한 일이 벌어지고 있다.

역사는 목적이 있다. 하나님이 모든 것을 합력하여 선을 이루신다(롬 8:28 참조). 그저 깎아 낸 돌 조각들로 보이던 것이 사실은 하나님이 우리 삶 속에 작업하신 모자이크 무늬를 나타낸다. 믿음의 눈으로 우리는 인생의 사건들에서 배울 수 있고, 무슨 일이 벌어지든 그것을 하나님의 손에서 건네받을 수 있다. 힘들고 괴로운 시간들도 얼마든지 배움의 기회가 된다. 그 시간들은 우리를 본연의 모습으로 빚어 주고 치유와 구원의 근원되신 하나님께로 이끈다.

그러므로 영적인 삶은 구질구질하게 살다가 가끔씩 좋은 순간도 있는 삶이 아니라 모든 순간을 투명한 창으로 탈바꿈시켜 누리는 풍성한 삶이다. 보이지 않던 세계가 이제는 그 창으로 또렷이 보인다.

사람들이 투명해지다

기도하는 이들에게는 자연과 시간만 불투명성을 잃는 게 아니다. 사람들이 갈수록 투명해진다. 우리가 경험하는 가장 심오한 변화다. 자연 관조, 즉 맞물린 이치를 바르게 보는 관상의 중요성은 자연과의 관계나 시간과의 관계보다 여기서 더 분명해진다.

이 사회는 사람을 투명한 존재로 보기 어렵게 만든다. 사람을 특이하거나 재미있거나 재미없는 '성격'(character)으로 대하며 내 필요나 바람대로 이용하도록 길들여져 있기 때문이다. "이 사람은 이걸 잘하고 저 사람은 저걸 잘하는구나. 그러니 각기 쓸모 있는 대로 이들을 조종하거나 써먹자." 말로 내뱉지는 않지만 우리가 속으로 자주 하는 생각이다.

우리에게 가장 큰 유혹은 사람을 가려서 상대하고 싶은 마음이다. 우리는 '재미있는' 사람을 보면, 상대를 그 특별한 점 때문에 사귈 만한 '가치'가 있다고 보고 더 가까워지려고 한다. 스포츠, 연예, 예술, 과학 분야의 재미있는 인물들에게 우리는 호기심을 보인다. 그들을 만나 악수하거나 사인을 받거나 한 번이라도 실물을 보고 싶어 한다. 또 범죄자, 장애인, 환자, 심리가 불안한 사람 등 특이한 인물들에게도 본능적으로 관심이 끌릴 때가 있다.

성격 구분은 의료계와 상담 분야에 흔히 있는 일이다. 우리는 사람들을 일반화하여 '환자'나 '성한 자', '불안한 자'나 '안정된 자', '중독자'나 중독자와 종속 관계가 된 '의존자' 따위의 딱지를 붙인다. 종교계에서는 흔히 사람들을 신자와 불신자, 교회 다니는 사람과 안 다니는 사람, 보수와 진보, 정통과 비정통, 성인과 죄인 등 두 편으로 가른다. 캐릭터 구분은 흔한 일이지만 만남의 폭을 좁힌다. 딱지는 늘 선을 그어 버린다. 이는 오히려 우리 자신의 정서 불안을 그대로 드러내 주며, 이웃들의 참 본질을 제대로 알지 못하게 한다.

교사는 교사 이상이며, 컴퓨터 기술자와 자동차 정비사는 그 기능 이상이다. 사람은 성격이나 특징 이상이다. 당신이 만일 나를 당신에게 뭔가 해 줄 수 있거나 당신의 목적을 위하여 이용할 수 있는 존재로만 대한다면, 나는 당신에게 나의 진가를 보여 주지 않을 것이다. 나는 방어하고 의심하며 약간 조심하게 될 것이다. 내 진짜 감정과 의견을 숨길 수도 있다. 하지만 당신이 나를 독특한 인격체로 본다면, 나는 차차 당신에게 더 깊은 차원에서 말할 것이고, 비밀을 나눌지도 모른다.

'인격'(person)이라는 단어는 '본질을 전달해 주는 매개체'(sounding

through, 자신의 울림을 통해 자기 너머의 소리를 전달해 주는 존재—편집자주)라는 뜻의 옛 프랑스어 '*per-sonare*'에서 왔다. 우리의 영적 과제는 동료 인간들을 성격과 특징의 상자 안에 넣으려는 유혹을 물리치고, 그들을 자기 자신이 익히 아는 것보다 더 크고 본질적인 실체를 보여 주는 인격체들로 보는 것이다. 우리는 우리가 이해할 수 있는 것보다 더 큰 사랑, 우리가 설명할 수 있는 것보다 더 깊은 진리, 우리가 담아낼 수 있는 것보다 더 풍부한 아름다움을 전달해 주는 인격체들이다.

관상을 통하여 삶 전체를 선물로 보게 되면, 주변 사람들이 하나님의 큰 선물로 인식된다. 그들은 내게 필요해서 곁에 두고 싶은 대상이 아니라 하나의 인격체가 된다. 우리는 그들과 함께 공동체를 이룰 수 있고, 하나님은 그들을 통하여 말씀하실 수 있다. 우리가 서로에게 '인격'이 되면, 개별 성격의 한계를 초월하여 하나님의 백성으로서 더 큰 목적을 이루게 된다. 하나님께 독특하게 지음 받은 존재로서 우리는 서로에게 투명하도록 부름 받았다. 각자의 성격을 훌쩍 뛰어넘어, 우리에게 참 사랑과 진리와 아름다움을 주신 그분을 가리켜 보일 수 있도록 말이다.

영성 계발은 불투명에서 투명으로 움직이게 하는 끊임없는 기도 훈련을 요한다. 이 훈련을 통하여 어둠의 세상이 초월적 빛의 세상으로 변한다. 자연은 더 이상 통제할 소유물이 아니라 소중히 함께 나눠야 할 선물이다. 시간은 일련의 임의적 사건들이 아니라 마음이 변화될 끊임없는 기회다. 시간이 크로노스에서 카이로스로, 즉 역사에서 그분의 이야기로 바뀌면, 우리는 지금 이 순간을 놓치지 않고 평화를 누릴 수 있다. 사람들이 이기적인 목적을 채우거나 거기에 써먹을 도구가 아니라 자기 자신이 담아낼 수 있는 것 이상이신 분을 전달해 주는 매개체로서의 인격이 되면, 그들은 진정으로 사랑받고 보호받고 이해받을 수 있다. 관상 기도는 우리로 하여금 눈가리개를 벗고 세상을 그 실체대로 보게 해 준다. 세상은 하나님의 크신 사랑과 이어져 있어 그 사랑을 늘 우리에게 계시해 주는 성례다.

❊ 모든 것을 새롭게 하시는 하나님

관상 기도 중에 우리는 종종, 예수님 안에서 우리에게 계시된 하나님의 사랑을 친밀하게 만난다. 그런 경험으로 우리는 하나님이 우리를 대적하시는 게 아니라 위하시고, 우리와 멀리 계시지 않고 함께 계시며, 우리 바깥이 아니라 깊숙이 안에 계심을 더없이 알게 된다. 평화로운 곳에서 잠시 고요히 묵상에 잠기면 우리 머리와 가슴이 가만히 있게 되고, 그렇게 잠잠히 있는 중에 우리는 머리와 가슴이 더 넓어지고 깊어져서 삶의 영원한 속성을 충분히 수용하고 발산하게 된다. 그렇게 하나님의 영원한 품에 대한 의식이 내면에서 깊어질 때 우리는 참 자유를 얻는다.

에바그리우스에 따르면, '자연 관조'(사물의 참 본질에 대한 관상) 연습은 '신학'(*theologia*, 하나님을 직접 아는 지식)에서 그 정점을 발견한다. 이 과정에서 우리는 사물의 본질을 보는 것을 넘어 성삼위 하나님과의 가장 친밀한 교감 속으로 들어간다. 이 신학은 큰 선물이요 온전한 연합과 안식과 평화의 은혜다. 이는 영적인 삶의 가장 높은 차원이며, 거기서 우리는 창조세계를 초월하여 우리 존재가 하나님의 내면 속으로 들려 올라감을 경험한다.[3] 이 산정(山頂)의 경험은 드물게 주어지며, 그 꼭대기에 오른 사람들은 다시 골짜기로 돌아가되 자기가 본 것을 아무에게도 말해서는 안 된다(눅 9:36 참조). 우리 삶의 대부분은 산정이 아니라 골짜기에서 이루어지며, 바로 그곳에서 우리는 능동적 사역인 기도로 부름 받았다.

내 주변에 있는 망상들의 가면을 벗겨 내면 나와 접촉하는 사람들의 삶도 밝아진다. 나에게 세상이 더 이상 어둡고 불투명하지 않으니 남들도 그 빛을 보기 시작한 것이다. 누군가 이렇게 말할 수 있다. "나에게는 안 보이는데 당신은 내 안에서 무엇을 보는 거죠?" 그러면 당신은 이렇게 답할 수 있다. "당신을 통해서 오는 굉장한 아름다움이 보입니다. 당신을 만나면 나는 깊은 사랑과 경외를 느낍니다." 우리는 자신도 아직 보지 못하거나 다 알지 못하는 실체들을 서로에게 비추어 줄 때가 많다. 사역이란 세상이 하나님의 사랑을 말하고 사람들이 하나님의 사랑으로 밝아지도록, 상대에게 세상을 좀 더 투명하게 만들어 주는 것이다.

눈에 보이는 표면 아래에 뭔가 아름다운 것이 숨어 있다. 보는 눈이 있고 들을 귀가 있는 자들은 안다. 사역이란 말하자면 사람들의 눈과 귀를 열어 주는 것, 흐릿하고 불투명한 부분을 맑고 아름답게 해 주는 것이다. 기도 중에 경험한 것을 우리는 이렇게 사람들에게 선포한다. "당신은 자신이 아는 것보다 훨씬 더 사랑이 많은 사람입니다. 자연에는 당신에게 보이는 것보다 더 아름다운 무엇이 있습니다. 당신의 삶에는 지금 보이는 것보다 더 많은 일이 벌어지고 있습니다."

관상은 하나님의 진리와 아름다움과 지혜를 받을 수 있도록 생각을 깨끗하게 해 주고 마음을 열어 준다. 그래서 삶의 망상들이 가면을 벗고, 참된 시력을 회복하는 것이 가능해진다. 어둠은 흩어지고 하나님의 빛이 비쳐 온다. 세상은 불투명성을 잃고 투명해진다. 자연이 변화되고, 시간이 바뀌고, 사람들이 달라진다. 하나님이 모든 것을 새롭게 하신다.

깊이 들어가기
영성 계발을 위한 훈련 노트 1

❖ **묵상과 일기**

1 당신의 삶이 상념과 자기 신념, 활동으로 가득 찬 잔이라고 생각해 보라. 당신의 삶과 하나님의 세계를 더 넓게 볼 수 있도록 하나님께 비워 달라고 기도하고 싶은 것들이 있을 수 있다. 그 많은 방해거리들을 쭉 꼽아 보라.

2 헨리 나우웬은 「로마의 어릿광대」(Clowning in Rome, 가톨릭대학교출판부 역간)에 이렇게 썼다. "우리 시대의 심각한 환경 문제에 민감하여 자연의 불투명성을 조금이라도 없애려고 노력하는 사람들은 진정한 사역을 수행하는 것이다. 그들 덕분에 인간들만 아니라 동식물들도 삶의 주기를 가르치고, 외로운 이들을 치유하고, 하나님의 큰 사랑을 말할 수 있기 때문이다. 이렇듯 자연과의 관계에서 불투명에서 투명으로의 옮겨 감은 우리를 주변 세상에 대한 더 깊은 관상으로 이끌어 줄 뿐만 아니라 세상에서 하는 우리의 사역을 넓혀 준다."[4]

이러한 통찰은 돌봄, 가르침, 치유, 상담, 예배 등 당신의 사역을 어떻게 달라지게 하겠는가?

3 당신에게는 통 보이지 않는 것을 누군가 당신 안에서 본 적이 있는가? 그 경험으로 당신의 자아 인식이 어떻게 넓어졌는지 묵상해 보라. 당신을 '사랑받는 자'로 보시는 하나님의 시각은 하나님이 빛을 발하시는 통로인 당신의 삶을 어떻게 달라지게 하겠는가?

❖ **거룩한 관찰**

그리스 화가 테오판이 1403년경 그린 〈변화산의 예수〉(Transfiguration from Pereslavl)라는 비잔틴 성화를 통하여 주님의 아름다움을 보는 것도 관상 기도의 한 방법이다(181쪽 그림 참조). 이것을 '거룩한 관찰'(visio divina)이라고 한다.

누가복음에 보면 예수께서 베드로, 야고보, 요한과 함께 기도하러 산에 올라가신다. 산꼭대기에서 그간 흐릿하던 것이 분명해진다. "기도하실 때에 용모가 변화되고 그 옷이 희어져 광채가 나더라"(눅 9:29). 하나님의 영광이 어둠을 뚫고 비쳐들자, 함께 올라간 사람들은 종의 신분이라는 예수님의 베일 사이로 찬란히 빛나는 신성의 위엄을 보았다. "이는 나의 아들 곧 택함을 받은 자니 너희는 그의 말을 들으라"(눅 9:35). 제자들은 산꼭대기에서 이 말씀을 듣고 자신의 인격으로 울림을 만들어 예수님을 드러내는 것이 자신들의 과제임을 서서히 깨달아 갔다(눅 9:28-36 참조).

　성화 〈변화산의 예수〉는 기도 골방에 들어가게 해 주려고 복음서에 나오는 가상의 이미지를 그린 것이며, 우리를 하나님 마음에 가까이 이끌어 준다. 성화는 하나님의 영광의 자체적 빛과 우리 자신의 영적 반사광을 제한적으로나마 보게 해 준다. 가시적인 세계의 문을 통하여 우리는 비가시적인 세계의 신비를 본다. 기도하는 마음으로 성화를 응시하면 사물의 참 본질을 더 똑똑히 볼 수 있다.

　이 그림을 관상하면서 빛나는 광채를 보려 하라. 위엄을 느끼고, 색감을 음미하고, 구도와 대칭을 살피고, 예수님과 모세와 엘리야의 교제를 곰곰이 생각해 보고, 세 제자의 반응에 공감해 보라. 그리고 기도의 산에서 예수님의 임재 가운데 벌어진 변화의 신비 속으로 들어가라. 거기 높은 산에서 우리 스승의 낯익은 얼굴이 새로운 빛 속에 계시된다.

　주님의 아름다움을 응시하는 이들에게는 불투명하던 것이 투명해진다. 자연과 시간과 사람들이 변화되고 우리 자신이 변형된다.

Spiritual formation

2 망상에서 기도로

기도한다는 것은 예수님과 함께 이렇게 아뢰는 것이다. "저의 뜻이 아니라 아버지의 뜻입니다. 저의 말이 아니라 아버지의 말씀입니다. 저의 가치가 아니라 아버지의 가치입니다. 저의 영광이 아니라 아버지의 영광입니다. 저의 이름이 아니라 아버지의 이름으로 됩니다."

영성 계발은 제자도로 부름 받는 것이다. 즉 예수님을 철저히 따름으로써 그분의 참 형제자매요 하나님의 아들딸이 되라는 부름에 응답하는 것을 말한다. 예수님께 속하면 우리는 그분과 함께 하늘 아버지께 속하고 서로에게 속한다. 하나님을 참된 집으로 삼으면 세상에 살면서도 세상의 집착과 강박과 중독에 지배당하지 않을 수 있다.

제자도는 훈련을 요한다. 사실, '제자도'(discipleship)와 '훈련'(discipline)은 어원이 같다('무엇에서 배우다'라는 뜻의 *discere*에서 왔다). 이 둘은 절대로 분리해서는 안 된다. 제자도 없는 훈련은 경직된 형식주의로 흐르고, 훈련 없는 제자도는 감상적 낭만주의로 끝난다.

이런저런 요구가 많은 세상 속에 살면서도 마음과 생각의 닻을 늘 하나님께 확고히 두려면 부단한 노력이 필요하다. 영적인 삶의 다양한 훈련들은 자유를 누리기 위한 것이며, 우리 삶 속에 요긴한 선을 긋는 확실한 방법이다. 그런 테두리 안에서 우리는 하나님의 음성을 듣고, 하나님의 임재를 느끼고, 하나님의 인도를 경험할 수 있다.

하나님의 공간을 만들겠다는 목적 없이 생활하다 보면 우리 삶은 금세 좁아진다. 보고 듣는 게 점점 적어지고 영적으로 병들어 우리는 일차원적이다 못해 때로 망상적인 사람이 된다. 이런 상태에서 우리를 구제할 수 있는 건 의식적인 기도와 묵상 연습뿐이다.

❈ 기도란 무엇인가

기도 훈련은 하나님의 공간을 내려는 의식적·집중적·규칙적 노력이다. 모든 주변 환경은 우리 삶의 공간을 한 치도 남김없이 다 채워서 정신을 쏙 빼놓으려고 한다. 세상에는 보고 듣고 읽어야 할 것들이 넘쳐 나고, 찾아가고 대화하고 걱정해 줘야 할 사람들로 가득 차 있다. 마음과 생각이 그런 것들로 꽉 찬 상태에서 어떻게 집중할 것인가? 신나거나 우울한 일들이 한없이 많은데 어떻게 용케 그분의 공간을 지킬 수 있겠는가?

주님은 말씀하신다. "그런즉 너희는 먼저 그의 나라와 그의 의를 구하라 그리하면 이 모든 것을 너희에게 더하시리라 그러므로 내일 일을 위하여 염려하지 말라"(마 6:33-34).

고요한 중심이 없는 삶은 쉽게 망상에 빠진다. 내 활동의 결과물을 자아 정체감을 확인하는 유일한 길로 보고 거기에 집착하면, 내 거짓 정체들에 대하여 소유하려 들고 방어하기 급급하며 의존하는 태도를 취하게 된다. 고독한 기도 중에 우리는 그런 소유와 의존이라는 망상의 가면을 벗고, 나라는 사람이 내가 통제하거나 정복할 수 있는 존재가 아니라 남들과 소통하도록 위로부터 주어진 존재임을 중심으로 깨닫는다. 나의 정체가 성취나 소유에 달려 있지 않고, 나를 규정하는 것이 생산성이 아니며, 나의 가치가 유용성과 같지 않음을 우리는 잠잠히 기도하며 알게 된다.

하나님과 함께 시간을 허비하는 것

세상은 "시간을 잘 쓰고 있지 않으면 너는 쓸모없는 존재다"라고 말한다. 예수님은 "와서 나와 함께 시간을 허비하자"라고 말씀하신다. 기도가 나에게 무엇을 해 줄까, 어떤 영적 유익과 통찰을 얻게 해 줄까, 어떻게 하나님의 임재를 느끼게 해 줄까 등 기도를 유용성의 관점에서 생각하면 하나님이 우리에게 쉽게 말씀하실 수 없다. 그러나 기도의 유용성과 결과에 대한 집착을 버리면, 우리는 기도 중에 홀가분하게 하나님과 소중한 시간을 '허비할' 수 있다. 점차 알게 되겠지만, '무용한' 시간이 나를 변화시키고 주변 모든 것을 달라지게 한다.

기도는 다른 일들로 바빠지는 대신 하나님과 함께 한가해지는 것이다. 기도란 일차적으로 하나님의 임재 안에서 유용하거나 생산적인 일을 아무것도 하지 않는 것이다. 유용성을 생각하지 않는다는 건 곧 기도가 중요한 결실을 나타내더라도 그것이 하나님이 이루신 결과임을 상기하는 걸 의미한다.

그래서 나는 하루를 시작할 때 내 수고에 열매를 주는 분이 하나님이시라는 확신에서 시작하며, 일의 주관자가 나인 것처럼 행동하지 않는다. 물론 나도 열심히 일하고 내 본분에 최선을 다하려 한다. 하지만 나는 통제의 망상을 버리고 결과를 내려놓을 수 있다. 하루를 마감할 때마다 나는 혹시 뭔가 좋은 일이 있었다면 찬양받으실 분은 하나님이라고 고백한다.

하나님과 단둘이 있는 것

고독한 기도는 예수님의 삶과 사역에서 중심을 차지한다. 예수님이 얼마나 자주 혼자서 또는 사람들과 함께 기도하셨는지 복음서에 기록되어 있다. 예수님께 기도란 매일의 일과였다.

> 저물어 해질 때에 모든 병자와 귀신 들린 자를 예수께 데려오니 온 동네가 그 문 앞에 모였더라 예수께서 각종 병이 든 많은 사람을 고치시며 많은 귀신을 내쫓으시되 귀신이 자기를 알므로 그 말하는 것을 허락하지 아니하시니라
>
> 새벽 아직도 밝기 전에 예수께서 일어나 나가 한적한 곳으로 가사 거기서 기도하시더니 시몬과 및 그와 함께 있는 자들이 예수의 뒤를 따라가 만나서 이르되 모든 사람이 주를 찾나이다 이르시되 우리가 다른 가까운 마을들로 가자 거기서도 전도하리니 내가 이를 위하여 왔노라 하시고 이에 온 갈릴리에 다니시며 그들의 여러 회당에서 전도하시고 또 귀신들을 내쫓으시더라(막 1:32-39).

병으로 고통당하는 이들을 고쳐 주시고, 귀신을 쫓아내시고, 조급한 제자들을 상대하시고, 이 마을 저 마을 다니시고, 회당에서 말씀

을 전하시는 등 온갖 분주한 스케줄 속에 이 고요한 말씀이 나온다. "새벽 아직도 밝기 전에 예수께서 일어나 나가 한적한 곳으로 가사 거기서 기도하시더니"(막 1:35).

소란한 활동 사이에 박힌 이 침묵에 가까운 문장을 읽으면 읽을수록, 나는 새벽 미명에 기도하러 가신 그 한적한 곳에 예수님의 사역 비결이 숨겨져 있음을 느낀다. 숨 막히는 활동 한가운데서 안식의 숨소리가 들려 오지 않는가!

우리는 장시간 동(動)의 기운에 에워싸여 고요한 한순간의 정(靜)의 기운을 찾는다. 많은 개입 한복판에 물러남이 있다. 활동의 중심에 관상이 있다. 많은 함께함 뒤에 고독이 있다. 그 한적한 곳에서 예수님은 용기를 얻어 자신의 뜻이 아니라 하나님의 뜻을 따르시고, 자신의 말이 아니라 하나님의 말씀을 하시고, 자신의 일이 아니라 하나님의 일을 하신다. 아버지와의 친밀함 속에 들어가시는 그 한적한 곳에서 예수님의 사역이 태동한다.

고독한 기도 중에 예수님은 자신의 정체와 사명을 아셨다. 기도 중에 그분은 하나님의 뜻과 인도를 경험하시며, 자신을 보내 말하게 하시고 일하게 하시는 분이 하나님임을 확인하신다. 예수님은 스스로 영광을 취하시는 적이 없었고 늘 하나님께 영광을 돌리셨다. "내가 아무것도 스스로 할 수 없노라 듣는 대로 심판하노니 나는 나의 뜻대로 하려 하지 않고 나를 보내신 이의 뜻대로 하려 하므로 내 심판은 의로우니라 …… 내가 너희에게 이르는 말은 스스로 하는 것이 아니라 아버지께서 내 안에 계셔서 그의 일을 하시는 것이라"(요 5:30,

14:10).

예수님께나 우리에게나 기도는 행여 우리가 가르침, 치유, 행정, 개혁, 선행 따위의 가치 있는 일을 해도 그것을 나 자신의 공으로 취할 수 없다는 통찰을 준다. 오히려 우리는 그것을 하나님의 선물로 인정하고 결과를 하나님의 손에 맡길 수 있다. 우리 것으로 생각했던 모든 것의 근원이 하나님이심을 배우는 경험이 곧 기도다. 기도한다는 것은 예수님과 함께 이렇게 아뢰는 것이다. "저의 뜻이 아니라 아버지의 뜻입니다. 저의 말이 아니라 아버지의 말씀입니다. 저의 가치가 아니라 아버지의 가치입니다. 저의 영광이 아니라 아버지의 영광입니다. 저의 이름이 아니라 아버지의 이름으로 됩니다."

한적한 곳이 없으면 삶이 위험해진다는 걸 우리도 속으로는 안다. 침묵이 없으면 말이 의미를 잃고, 경청이 없으면 발언에 더 이상 치유력이 없으며, 멂이 없으면 가까움으로도 고칠 수 없다. 고독한 자리가 없으면 활동은 금세 공허한 몸짓이 된다. 침묵과 말, 물러남과 개입, 멂과 가까움, 고독과 공동체 사이의 세심한 균형은 영적 삶의 기초를 이룬다. 따라서 이것은 우리의 가장 깊은 관심의 주제가 되어야 한다.

머리에서 가슴으로 내려가는 것

프롤로그에 언급한 19세기 러시아 신비주의자인 은자 테오판은 헤시카즘(Hesychasm) 전통의 내면 기도[1]를 이렇게 요약했다.

기도한다는 건 머리에서 가슴으로 내려가 거기서 주님의 면전에 서는 것이다. 주님은 그대 안에 항상 임재하시며 모든 것을 보고 계신다.[2]

생각이 주님으로 가득하고 마음을 비우면, 분열이나 구별 없이 온전히 하나 되는 곳인 마음으로 생각을 내려보낼 수 있다. 머리에서 가슴으로 즉 '끊임없는 상념에서 끊임없는 기도로' 내려가려면, 고독과 침묵을 품고 우리 존재의 중심에서 하나님을 만나야 한다. 마음의 중심부에서 우리는 우리를 "내 사랑하는 자"라 부르시는 분께 귀 기울이는 법을 배운다.[3]

신학적 고찰이 하나님의 진리와 지혜에 우리 생각을 여는 것이라면, 영성 계발은 하나님과 그분의 사람들에게 감사로 우리 마음을 여는 것이다. 둘 다 하나님의 큰 선물인 삶을 철저히 수용하는 자세와 하나님이 계시될 공간을 점차 내 드리는 꾸준한 영적 연습을 요한다. 이렇게 생각과 마음이 가난할 때 우리는 성령과 더불어 사는 삶을 감사로 받을 수 있다.

머리에서 가슴으로 내려가는 구체적인 방법은 무엇일까? 자리에 누워서도 머릿속의 많은 말과 염려 때문에 잠을 이루지 못할 때, 온갖 해야 할 일이나 잘못될 수 있는 일에 정신이 팔려 있을 때, 가난하거나 죽어 가는 친구에 대한 걱정을 떨칠 수 없을 때, 그럴 때 나는 어찌해야 할까? 기도하면 될까? 좋다, 하지만 대체 어떻게 기도해야 할까?

한 가지 단순한 길은 기도문을 최대한 집중하여 천천히 반복하는 것이다. 머리에서 시작하여 차차 가슴으로 반복하는 이 집중 기도는 연습할수록 쉬워진다. 주기도문이나 "하나님께 영광"이나 "주여, 자비를 베푸소서"를 외운다면 이미 집중 기도를 시작한 셈이다. 우선은 그런 기도를 그냥 반복하라. 시편 23편이나 바울이 고린도 교인들에게 보낸 사랑에 관한 말씀인 고린도전서 13장을 암송하는 것도 좋다. 밤에 자려고 누울 때나 차를 운전할 때나 버스를 기다릴 때나 동네를 산책할 때, 그런 기도 중 하나를 천천히 마음에 되새길 수 있다. 반복되는 기도 내용을 나의 전 존재를 다하여 듣는 것이다.

온갖 염려가 마음을 어지럽히겠지만 계속 기도의 표현으로 돌아간다면, 점차 염려가 힘을 잃고 집중력이 생기면서 진심으로 기도를 즐기게 될 것이다. 이렇게 기도가 머리에서 내 존재의 중심부로 내려가면 기도의 치유력을 경험하게 된다.

하나님의 임재를 연습하는 것

기도는 마음의 훈련이자 현 순간의 영적 연습이다. 장 피에르 드 코사드는 300년 된 영성 고전 『현 순간의 성례』(*The Sacrament of the Present Moment*)에서 하나님이 매 순간 우리에게 말씀하신다고 확언한다.

> 하나님의 뜻이 나타나는 것을 매 순간 볼 줄 안다면, 우리 마음이 갈망할 수 있는 모든 것도 거기서 얻게 된다. …… 현재는 늘 무한한 보배로 가득 차 있다. 당신이 품을 수 있는 용량 이상이 그 안에 담겨 있다.

믿음이 척도다. 당신의 믿음대로 될 것이다.

　　기도로 하나님께 몰입하면 매 순간이 기쁨과 감사의 성례가 된다. 그 순간에 나타나는 하나님의 뜻을 사랑으로 수용하며 성례가 이루어진다. 현 순간의 관상을 받아들이고 기도 중에 정직하고 진솔하게 자신을 대면하면, 하나님이 우리 마음의 갈망을 채워 주신다.

　　마음은 많이 사랑할수록 많이 갈망하고, 많이 갈망할수록 더 많이 받는다. 하나님의 뜻은 인간의 마음으로 측량할 수 없는 망망대해처럼 항상 우리 앞에 있다. 그러나 누구도 자기가 품을 수 있는 용량 이상은 받을 수 없다. 그래서 믿음과 확신과 사랑으로 그 용량을 넓혀야 한다.[4]

　현 순간에 하나님의 임재를 연습하는 일은 로렌스 형제가 평범한 일상 속에서 끊임없이 기도하는 모본을 통하여 우리에게 선물로 준 것이기도 하다. 17세기 말 파리의 수도원 공동체에서 요리사로 일한 로렌스 형제는 머리가 아니라 가슴으로 "끊임없이 기도하는" 법을 단순하고 아름답게 설명한다.

　「하나님의 임재 연습」(*The Practice of the Presence of God*, 두란노 역간)이라는 책에서 로렌스는 기도 시간과 여타 시간을 나누는 것은 큰 잘못이라고 말했다. 우리는 언제 어디서나 하나님의 임재를 인식하고 기도해야 한다. 로렌스 형제는 기도 시간과 노동 시간을 따로 구분하지 않았다.[5] 이렇듯 누구든지 하나님의 평안과 임재를 알고자 하는 사람은 나이나 형편에 관계없이 언제 어디서나 현 순간의 성례를 경험할 수 있다.[6]

기도할 때 우리는 하나님의 임재 속으로 들어간다. 그분의 이름은 '임마누엘', 즉 우리와 함께하시는 하나님이다. 기도란 지금 여기서 나에게 말씀하시는 하나님의 음성을 귀 기울여 듣는 것이다. 내가 결코 혼자가 아니라는 것과 하나님이 언제나 나와 함께하시고 나를 돌보시며 내게 말씀하신다는 것을 과감히 믿으면, 우리는 죄책감이나 불안감을 주는 목소리들을 물리치면서 현 순간을 품을 수 있다. 하루에 단 몇 분이라도 현재 있는 자리에 온전히 있을 수만 있다면, 내가 혼자가 아니라는 것과 내 마음속에 함께 계시는 그분이 내게 필요한 사랑과 남들을 사랑할 능력을 주시려 한다는 것을 참으로 알게 된다.

❀ 시간을 내서 기도할 때 벌어지는 일들

먹고, 일하고, 놀고, 쉬는 시간을 정하듯 기도 시간도 규칙적으로 정해 놓는 것이 필요하다. 아침 일찍 일어나 적어도 30분을 하나님과 함께 보내고, 이어서 같이 사는 사람들과 잠시 얼굴을 마주하며 따뜻한 시간을 보내면 어떨까?

기도하기 제일 좋은 시간은 이른 아침이다. 그러면 기도 덕분에 남은 하루를 더 하나님 중심으로 살 수 있다. 하지만 그게 현실성이 없다면 하루 중에 다른 때라도 하나님께 전적으로 집중할 수 있는 시간을 떼어 놓으라. 언제가 됐든 30분을 내는 것이 아예 시간을 내지 않는 것보다 낫다.

기도 시간을 정했으면 이제 기도할 장소도 정해야 한다. 기도를 제대로 하려면 방해받지 않는 조용한 장소가 꼭 필요하다. 예수님은 우리를 이렇게 초대하셨다.

> 너는 기도할 때에 네 골방에 들어가 문을 닫고 은밀한 중에 계신 네 아버지께 기도하라(마 6:6).

예수께서 밝히신 대로, 시간뿐 아니라 장소를 준비하는 것도 기도 훈련에 속한다. 이상적인 장소는 집 안의 방 하나를 기도용으로 구별해 두는 것이다. 그 방에 작은 십자가와 촛불 등을 준비해 놓으면 기도하고 싶은 마음이 더 잘 일어난다. 또한 기도가 쌓일수록 그곳은 기도의 기운이 충만해진다.

기도실로 쓸 여분의 방이 없다면 적어도 방 한구석을 기도 자리로 떼어 두라. 그것도 여의치 않다면 안전하게 느껴지고 다시 가고 싶어지는 교회 기도실에 가 보라. 날마다 기도하다 보면 금방 그곳과 정이 든다. 그곳은 조용히 당신을 다시 기도로 부르고, 당신이 들어설 때마다 반가이 맞아 준다.

하나님과 단둘이 있을 시간과 장소를 정했으면 그 다음은 어떻게 해야 할까? 답은 간단하다. 그냥 예수님과 함께 있으면 된다. 그분이 당신을 바라보시고 만지시고 당신에게 말씀하실 것이다. 그리고 당신 나름대로, 마음이 갈망하는 방식대로, 그분을 바라보고 만지고 그분께 말씀드리라.

기도 훈련이 없으면 세상의 망상이 지속된다. 1시간의 기도 모임이나 30분간의 개인 기도나 10분간의 고요한 묵상이나 식사 전후의 짤막한 감사 기도가 없으면 우리는 하나님이 세상과 내 삶에 현존하고 계심을 망각한다. 아침에 잊지 않고 기도하고, 현 순간을 의식하고, 일주일 중 하루를 하나님의 특별한 날인 안식일로 구별하라. 그러면 삶 전체와 모든 시공(時空)과 우리가 만나는 모든 사람들이 하나님의 빛으로 말미암아 변화된다.

기도로 충만한 삶을 산다는 의미에서 기도하면 할수록 더 하나님과 함께 있고 싶어진다. 하나님은 자연과 순간과 사람과 사건 속에서 빛나신다. 기도는 우리 안에 그러한 그분과 함께 있고픈 굶주림과 목마름을 낳는다.

기도로 마음을 하나님께 향하면, 우리 자신을 하나님께 사랑받는 자로 보게 될 뿐만 아니라 다른 사람들도 하나님의 큰 사랑에 비추어 보게 된다. 하나님의 마음은 모든 시대와 모든 장소의 남녀노소를 만나는 곳이요 그들 역시 우리처럼 독특하고 온전하게 사랑받는 형제자매들임을 깨닫는 곳이다. 하나님의 마음속에서 우리는 인류의 일원이 되는 참 기쁨을 얻는다. 거기서 우리는 하나님과 자신과 서로와 참으로 이어진다. 그래서 기도는 '꼭 필요한 것 한 가지'가 된다(눅 10:42 참조).

기도할 때 벌어지는 흥미로운 일은 우리가 얼마나 피곤하고 염려가 많은지 알게 된다는 것이다. 그나마 잠들지 않는다면, 우리 머릿속이 얼마나 많은 근심과 걱정으로 가득 차 버릴지 가늠할 수 없다.

하나님과 함께 있는 중에도 우리는 세워 둔 온갖 계획들에 대한 생각으로 바쁘다. 바나나 나무에 모여 날뛰는 원숭이들처럼 오만가지 잡념이 우리를 엄습해 온다.

고독에 들어가자마자 우리 내면이 얼마나 뒤죽박죽인지 알게 된다. 갑자기 온갖 상념과 감정과 공상이 표면으로 떠올라 어느새 우리는 예전의 고통과 보상, 깜빡 잊은 약속들, 쓰지 못한 이메일, 보고 싶은 사람들, 다시 보고 싶지 않은 사람들, 미래의 휴가, 승진 가능성, 다가오는 은퇴 따위를 생각한다. 기도로 충만하기는커녕 안절부절못하며 어서 30분이 끝나기만을 기다린다.

그래도 놀라지 마라. 아무에게나 늘 열어 주던 문을 갑자기 닫았다고 해서 문 두드리는 사람이 없기를 바랄 수는 없다. 무수히 많은 잡념들이 사라지려면 시간이 꽤 걸리지만 결국은 사라진다. 적어도 30분간은 당신이 문을 열어 주지 않으리라는 것을 그 잡념들이 안다면 더욱 그렇다. 날마다 기도 시간을 충실히 지키면 서서히 잡념이 줄면서 머리와 몸이 함께 매일의 기도 리듬을 탄다.

초점을 잃지 않으려면 누구나 도움이 필요하다. 그냥 아무것도 하지 않고 침묵 속에 앉아 있을 수는 없다. 적어도 처음에는 그것이 힘들다. 집중을 도울 수 있는 것이 필요하다. 모든 신앙 전통과 영적 연습에서도 마찬가지다. 즉, 한 가지에 초점을 맞추어 잡념과 싸우는 것이다. 잡념을 물리치려는 식으로는 잡념과 싸울 수 없다. 잡념과 싸우려면 한 가지에 초점을 맞추어야 한다.

그날의 복음서 교훈, 주기도문, 팔복의 말씀 등 신앙적 문구를 정해 두면 초점을 잡는 데 도움이 된다. 하나님께로부터 온 말씀이면 무엇이든 좋다. 당신이 선택한 말씀에 가만히 생각을 집중하라. 잡념이 오거든 씩 웃어 주고, 지나가게 두고, 다시 그 문구로 돌아오라.

말씀을 입으로나 속으로 조용히 말하면 점점 더 그 말씀이 당신을 끌어당기게 된다. 머잖아 당신은 당신 의식 속에 슬그머니 들어와 그곳을 어지럽히려고 하는 많은 '당위적인 일들', '꼭 해야 할 일들'보다 그 말씀이 훨씬 소중함을 알게 된다. 하나님께서 주시는 말씀은 당신의 내면을 변화시켜 그곳을 하나님이 즐거이 거하시는 집으로 만드는 힘이 있다.

이 모든 과정에서 당신의 몸을 잊지 마라. 몸에게 조용히 쉴 시간과 평온히 기도할 자리를 주라. 하나님의 임재 안에서 앉거나 서거나 무릎 꿇거나 엎드리거나 어떤 자세라도 괜찮다. 마음이 아직 다 준비되어 있지 않아도 몸이 예배와 흠모의 자세를 취하면, 마음도 결국 방황할 필요가 없음을 깨닫고 몸 있는 곳으로 돌아와 몸과 더불어 즐거이 하나님의 임재 안에 들어간다.

일단 머리와 가슴과 몸이 기도로 하나가 되면, 당신의 삶 전체가 감사와 찬양의 행위가 된다. 그러면 기도 시간이 끝나고 그 특별한 자리를 떠나도 당신은 언제 어디서나 기도할 수 있게 되고 하나님의 임재로 충만해진다. 지금 내가 제시하는 것은 쉬운 목표가 아니지만 당신의 가장 깊은 갈망에 부응하면서도 당신의 힘으로 도달 가능한 목표다.

망상에서 기도로 움직여 가려면 꾸준한 훈련과 매일의 연습이 필요하다. 생각이 영원으로 뻗어 나가고, 가슴이 하나님의 사랑을 향하여 발돋움하며, 몸이 세상의 편협한 집착과 강박과 중독에 도로 빠지지 않도록 테두리를 치자. 그러면 우리는 이전에 먹다 남은 더러운 찌꺼기나 쪼는 닭이 아니라 하나님의 날개로 드높이 날아오르는 독수리가 된다. 자유를 인하여 감사하며, 말할 수 없이 아름다운 영적 실존을 즐기게 되는 것이다.

깊이 들어가기
영성 계발을 위한 훈련 노트 2

헨리 나우웬은 경건한 시간과 장소를 떠어 우리 존재의 가장 깊은 내면에 "하나님의 공간을 낼" 것을 거듭 촉구했다. 그는 고독과 침묵 훈련을 통하여 기도로 하나님과 교제할 수 있다고 가르쳤다. 그가 「마음의 길」(The Way of the Heart, 분도출판사 역간)에 썼듯이, "고독한 기도 중에 벌어지는 정화(淨化)와 변화는 긍휼로 나타난다."[7]

❖ **묵상과 일기**

1. 테레사 수녀는 '가난한 자 중의 가난한 자'에게 긍휼을 베푼 모본으로 유명하다. 그녀를 가장 잘 아는 사람들은 그 긍휼이 "무용한" 기도 시간의 결실임을 안다. "나는 성공하도록 부름 받은 것이 아니라 충성하도록 부름 받았다." 테레사 수녀의 유명한 이 말을 기도로의 초대에 비추어 깊이 생각해 보라.

2. 코사드의 책에 나오는 다음 문단을 묵상해 보라.

견뎌야 할 고통, 누려야 할 위로, 다해야 할 의무 속에서 하나님이 자신을 나타내시지 않는 순간이란 없다. 우리 안팎에 그리고 우리를 통하여 벌어지는 모든 일에는 하나님의 거룩한 행동이 숨어 있다. 그것은 정말 그곳에 존재하되 눈에 보이지 않게 존재한다. 그래서 우리는 늘 하나님의 역사가 끝나고 나서야 그것을 알아보고 놀란다. 우리가 베일을 걷고 예의주시할 수만 있다면 하나님은 계속 우리에게 자신을 계시하실 것이고, 우리는 자신에게 벌어지는 모든 일 속에서 하나님의 거룩한 행동을 보고 기뻐할 것이다. 이어지는 사건 하나하나마다 "주님이시다"라고 외치며 모든 새로운 상황을 하나님의 선물로 받아들일 것이다.[8]

❖ 거룩한 독서

1   다음은 고독한 기도에 대한 헨리 나우웬의 지침이다. 일상생활 속에서 삶의 망상에서 기도의 마음으로 움직이는 간단한 3가지 방법이다.[9]

1. 우선 침묵하라

고독과 침묵은 관상 기도의 핵심이다. 하지만 내 경우 잡념이 너무 많아 혼자서 침묵하기가 어렵다. 이럴 때 다른 사람과 함께 침묵하면 큰 도움이 된다. 당신도 친구와 같이 책을 읽고 침묵을 실천하라.

2. 하나님의 말씀에 집중하라

매일의 기도 훈련에서 우리의 초점은 하나님과 그분의 말씀이다. 시편 한 편이나 성경의 아주 짤막한 대목을 읽으면 좋다. 단순히 본문을 놓고 두세 번 읽은 다음, 그 본문에 생각을 집중하라. 분석하려 들지 말고 그냥 본문에 있는 대로 받으면 된다.

누군가를 치유해 주시거나 제자들과 대화하시는 예수님의 모습이 기록된 본문일 수 있다. 당신 앞에 놓인 예수님의 그 이미지가 당신의 초점이 된다. 이것이 거룩한 독서이며 이는 아주 간단하고도 강력한 기도 방법이다.

본문에서 유독 마음에 와 닿는 단어나 문구에 초점을 맞추는 것도 좋다. 잡념이 들거든 그냥 초점을 맞추고 있는 그 이미지나 단어로 돌아가라.

성경 본문을 다 읽고 나서는, 한 입 베어 물라. 예컨대, "여호와는 나의 목자시니" 같은 아주 짤막한 문장을 취하는 것이다. 10분간 묵상하는 동안, "여호와는 나의 목자시니, 여호와는 나의 목자시니, 여호와는 나의 목자시니"라고 말하는 것 외에는 아무것도 하지 마라. 서서히 그 진리가 우리 안에서 살을 입는다. 문구를 여러 번 되풀이하다 보면 내면으로 잠잠히 가라앉아, 머리에서 가슴으로 내려갈 수 있다.

조용히 되뇌는 어구가 동산의 울타리가 되고 그 안에서 양 떼를 돌보시는 하나님이 느껴진다. 거기서 우리는 사랑의 목자와 함께 있고, 그분은 안전한 풀밭으로 우리를 인도하신다. 이 방법을 '묵상 기도'라 한다.

3. 쉬지 말고 기도하라

누가복음 18장 38절에서 따온 유명한 '예수님의 기도'를 당신도 들어 보았을 것이다. "다윗의 자손 주 예수 그리스도시여, 이 죄인을 불쌍히 여기소서." 헤시카즘 전통의 내면 기도에서는 이 오랜 성경 문구를 짧게 줄여 아주 천천히 되풀이한다. 이 문구를 날마다 반복하면 그것이 우리 호흡의 일부, 심장박동의 일부, 전체 존재 양식의 일부가 된다.

예수님 기도의 좋은 점은, 이 연습을 일상으로 가지고 들어가 운전할 때나 책상 앞에 앉아 있을 때나 서서 일할 때나 그렇게 기도할 수 있다는 것이다. "주 예수 그리스도시여, 저를 불쌍히 여기소서"나 "주여, 불쌍히 여기소서"나 "오 하나님, 불쌍히 여기소서"를 하루 종일 되풀이하는 것은 "쉬지 말고 기도하라"(살전 5:17)는 성경의 명령을 수행하는 한 가지 방법이다. 이것을 '마음의 기도'라고 한다.

2 다음은 아침과 저녁의 그룹 기도에 대한 헨리 나우웬의 지침이다.[10]

나는 개인 기도 생활이 약간 공적(公的)이어야 한다고 본다. 이는 복음서 말씀에 반대되는 말처럼 들리지만 사실 알고 보면 그런 뜻이 아니다. "공적"이라는 말은 내가 낮이나 밤의 일정한 시간을 기도하려고 떼어 두었다는 사실을 사람들이 알아도 좋다는 의미다. 그 기도는 혼자서 하는 것일 수도 있고, 공동의 침묵 기도를 즐기는 사람들과 함께 하는 것일 수도 있다.

  아침 기도의 경우, 내 간단한 공식을 누구나 따라할 수 있다. 나는 시편 세 편과 신약 성경 한 대목을 소리 내어 읽고 나서 10분간 조용히 묵상한다. 그다음에 시편 한 편과 묵상을 돕는 현대 서적의 한 대목을 읽고 나서 다시 10분간 침묵한다. 그리고 마무리 기도와 주기도문을 한다. 이렇게 기도하면 1시간이 좀 못 돼서 기도가 끝난다. 이런 기도 방법은 언제나 친구를 초대할 수 있다는 장점이 있다. "내가 아침마다 이렇게 기도하는데 당신도 함께하시겠습니까?"

  저녁 기도의 경우, 나는 친구들과 둘러앉아 시편 읊기를 좋아한다. 저녁 파티 중이라면 손님들에게 이렇게 말하면 된다. "밤 10시가 제 저녁 기도 시간입니다. 함께하시고 싶다면 환영입니다. 그렇지 않다면 저는 시간에 맞추어 식사를 마치겠습니다." 아무도 "아니, 왜 이러십니까?"라고 말하지 않는다. 오히려 사람들은 호의적인 반응을 보이며, 기도에 충실한 당신을 흐뭇하게 바라볼 것이다.

❖ 거룩한 관찰

당신이 기도를 배우는 중이라면, 유명한 네덜란드 화가 반 고흐가 그린 프로방스 생-레미(Saint-Rémy)의 큰 고목나무 밑 벤치에 앉아 있는 자신을 상상해 보라(182쪽 그림 참조).[11]

이 나무는 어떻게 유용한가? 어떻게 무용한가? 이 가지들과 그늘은 어떻게 하나님을 영화롭게 하는가? 모든 피조물은 단순히 본래 지음 받은 모습이 됨으로써 하나님을 찬양할 수 있을까? 이런 질문들을 생각해 본 다음에, 10분 동안 그냥 그림을 바라보면서 그림이 당신에게 말하게 하라. 떠오르는 생각과 묵상을 기록하라.

우리도 생산적이거나 유용해지려고 기도하는 게 아니라 마음을 열고 감사하기 위해 기도한다. 기도와 묵상 안에서 우리는 살고, 존재할 수 있다. 열매가 있을 수도 있고 없을 수도 있지만, 유용성에 얽매이지 않고 자유로이 늙어 갈 수 있다. 가시적인 결과가 있든 없든 기도에 충실한 것 자체가 보상이다.

Part 2

SPIRITUAL FORMATION

following the movements of the Spirit

묶임에서
자유케 되는
영성 훈련

Spiritual formation

3 슬픔에서 기쁨으로

상실의 고통을 내 마음속에 들여놓는 것, 용기를 내서 내 상처를 느끼는 것, 울며 아파하거나 소리쳐 따질 수 있는 자유를 받아들이는 것, 기쁨을 만날 수 있는 내면의 자리로 인도받는 모험을 감행하는 것. 이것이 바로 애통이다.

인생의 슬픔을 한 단어로 압축할 수 있다면 그것은 '상실'이다. 우리는 모든 상실한 것들 때문에 슬프다. 우리 마음속에 깊이 남는 상실로는 이별을 통한 친밀함의 상실, 폭력을 통한 안전의 상실, 학대를 통한 순결의 상실, 배신을 통한 친구의 상실, 유기(遺棄)를 통한 사랑의 상실, 전쟁을 통한 가정의 상실, 굶주림과 더위와 추위를 통한 복지의 상실, 병이나 사고를 통한 자녀의 상실, 정치적 소요를 통한 국가의 상실, 지진과 홍수와 비행기 추락과 폭격과 질환을 통한 생명의 상실 등이 있다.

지금 이 순간 당신의 상실을 생각해 보라. 인생을 살아오면서 생명처럼 소중한 것들을 잃어버린 때가 많을 것이다. 암으로 친구를, 병으로 자녀를, 죽음으로 배우자를 잃었을 수 있다. 오랜 관계가 고통스럽게 끝났을 수 있고, 깊이 사랑했던 사람이 갑자기 죽었을 수도 있다. 불경기에 집이나 직장을 잃었을 수도, 정서적 또는 신체적 학대 때문에 가슴이 무너져 내렸을 수도 있다. 당신의 상실이 무엇이든 그것은 당신 혼자만 겪는 일이 아니다.

삶이란 때로 끝없는 상실의 연속처럼 보인다. 세상에 태어나면 안전하고 아늑한 모태를 잃는다. 학교에 들어가면 친밀하고 안정된 가정생활을 잃는다. 첫 직장을 잡으면 젊은 날의 자유를 잃는다. 결혼하면 많은 선택의 기쁨을 잃는다. 늙으면 외모와 건강과 친구들과 돈과 명예를 잃는다. 그러다 죽으면 물리적으로 모든 것을 잃는다!

인생의 오후와 저녁에는 갈등, 오해, 실패, 분노, 원망을 통한 괴로운 상실들이 있다. 희망과 꿈을 상실하기도 한다. 나이 탓일 수도 있지만, 평생 믿었던 사람들의 부패와 배신이 밝혀져서일 수도 있다. 인생의 의미와 목적의 상실이 있다. 내 머리와 가슴이 지쳤기 때문일 수도 있지만, 오래도록 고이 간직해 온 내 사고 방식과 기도 방식을 갑자기 남들이 비웃거나 구닥다리 취급해서일 수도 있다. 사람은 누구나 '좋았던 옛날'을 이래저래 잃는다고 할 수 있다. 그때가 꼭 우리 생각만큼 좋지 않았을지 몰라도 우리 기억 속에는 삶의 초석들로 박혀 있다.

젊었을 때 우리는 "내 인생을 이렇게 살아야지"라고 다짐하듯 말한다. 그러다 늙으면 이렇게 말한다. "내 꿈이 어떻게 된 거지?"

젊었을 때는 인류를 위하여 뭔가 큰일을 해 보고 싶었으나 이제는 답답하고 지루한 직장생활, 허망하게 느껴지는 은퇴 생활이 인생의 전부인 것처럼 느낄 수 있다. 우리의 열정은 시들었다. 삶이 나를 실망시켰다든가 새로 알 만한 것이 별로 없다.

이런 많은 상실은 평범한 삶의 일부다. 하지만 평범한 삶 너머에 영적인 상실이 있다. 미래에 대한 희망의 상실, 인생을 향한 하나님의 목적의 상실, 심지어 하나님을 향한 믿음의 상실이다. 젊었을 때는 상실을 통하여 하나님과 더 가까워지리라 믿고 꿋꿋이 상실을 견뎌 낼 수 있었다. 의지력을 시험하고 확신을 굳히는 방편으로 받아들였기에 삶의 고통과 고난도 힘들기만 한 건 아니었다. 그러나 나이가 들면, 하나님에 대한 믿음, 예수님을 향한 사랑, 가족들과 친구들에 대한 신뢰, 인생의 희망 같이 그토록 오랜 세월 당신을 떠받쳐 준 것들이 시들해졌음을 알게 된다. 평생 품은 사상들, 실천한 훈련들, 육체적 생일이나 구원받은 것에 대해 마냥 감사하던 것도 이제는 마음을 훈훈하게 해 주지 못한다.

예수님이 아주 생생했고 당신의 삶 속에 그분의 임재가 추호도 의심되지 않았던 오래전 그때가 떠오를지 모른다. 한때 그분은 당신의 가장 소중하고 친밀한 친구이자 상담자와 인도자였다. 그분은 당신에게 위로와 용기와 확신을 주었다. 당신은 그분을 느낄 수 있었고, 맛보고 만질 수조차 있었다. 그런데 지금은 어찌된 일인지 당신 삶 속에서 그분 생각이 별로 간절하지 않다. 그분의 임재 안에서 한 시간도 보내고 싶어 하지 않는다. 그분이 이야기책이나 상상 속의 인물 이상이었던 적이 과연 있기나 했는지 의문마저 든다.

그렇다고 이 모든 상실이 우리 각자의 삶에 똑같이 닥쳐온다는 말은 아니다. 그러나 신앙의 여정을 함께 걸으며 서로의 말을 듣노라면, 이런 상실을 인간 대부분이 경험한다는 걸 곧 알게 된다. 나 자신의 여정이든 동료들의 여정이든 말이다.

상실을 어찌할 것인가? 이는 우리 앞에 당면한 큰 질문이다. 잃은 것을 찾을 길이 있을까? 슬픔이 기쁨으로 바뀔 수 있을까? 애통이 춤으로 이어질 수 있을까? "저녁에는 울음이 깃들일지라도"(시 30:5) 아침에는 정말 기쁨이 올까?

❖ 상실을 애통하라

문제는 당신이 상실을 경험했느냐가 아니라 상실을 어떻게 살아낼 것이냐다. 당신은 상실을 숨기고 있는가? 그런 일이 없던 척하는가? 그것을 길동무들에게 나누기를 거부하는가? 얻은 것들에 비하면 상실은 별거 아니라고 애써 자위하는가? 당신이 그간 고생하고 잃어버린 것들을 남 탓으로 돌리는가?

다른 방안도 있다. 애통하는 것이다. 당신은 상실을 애통할 수 있다. 마치 없던 일처럼 말하거나 행동해도 상실은 없어지지 않지만 오히려 눈물 흘리며 깊이 슬퍼할 수 있다. 기회를 잡아 고통을 경험하지 않으면, 결코 기쁨에 이를 수 없다. 세상은 말한다. "그냥 무시하라. 마음을 단단히 먹으라. 울지 마라. 떨치고 앞으로 나아가라." 하지만 애통하지 않으면 한이 맺힐 수 있다. 당신의 모든 비애가 당신 자아의 심연 속으로 직행하여 평생 거기에 응어리지게 된다.

상실을 애통하는 것이 부정하는 것보다 낫다. 상실을 과감히 느끼고 슬퍼하라. 고통을 지명하며 이렇게 말하라. "그래, 나는 고통, 두려움, 상실을 느낀다. 그것을 끌어안겠다. 내 삶의 십자가를 지고 받아들이겠다."

슬퍼한다는 것은 곧 내 삶의 고통을 경험하는 것이고, 확실하거나 안정된 게 없이 모든 게 변하고 바뀌는 캄캄한 심연을 직시하는 것이다. 충분히 슬퍼한다는 것은 상실을 계기로 거짓 안정감과 안전감을 벗어 버리고, 내가 망가진 존재이며 하나님 한 분밖에 의존할 데가 없다는 고통스런 진실에 도달하는 것이다. 결국 당신은 "그래! 이게 인생이다. 나는 내 삶을 당당히 받아들인다"라고 솔직히 말할 수 있는 지점에 이르게 된다.

나도 살면서 많은 상실을 애통했다. 투병하시던 어머니가 돌아가시던 날이 지금도 기억에 선하다. 그날 이후 삶의 모든 '정상적인' 일이 새로운 경험이 되고 '처음'이 되었다. 어머니 없는 첫 크리스마스, 어머니 없는 첫 새해, 첫 부활절. 그러나 그렇게 몇 번을 거듭해도 어머니가 함께하시지 않는다는 사실은 좀처럼 익숙해지지 않았다. 어머니 없이 행사를 치를 때마다 어머니의 부재가 새록새록 느껴졌다. 그리고 어머니의 죽음은 내 속에서 계속 되풀이되었다.

하지만 내가 가장 깊은 슬픔을 경험하던 바로 그때, 그 한복판에서 뭔가 새로운 일이 벌어졌다. 고통 속에서 나는 더 깊고 심오한 기쁨에 닿을 수 있었다. 인간의 망가진 모습 속에서 새 생명이 태어난다. 눈물과 비애 속에 기쁨과 행복이 있다. 참된 치유는 우리가 상실의 현실을 직시하고 통제의 망상을 버리는 그 순간에 시작된다.[1]

우리는 두려움이 많다. 우리 앞에 당한 가장 큰 도전은 상실의 현실이다. 통제의 망상을 버리는 것이다. 우리에게는 두려움을 넘어서는 도전이 주어진다. 그것은 나를 속박하던 굴레에서 어느 날 해방될 것을 믿는 도전이다. 내 생각에, 우리의 지적·정서적 능력만 의

지해서는 그렇게 할 수 없다. 자신의 인간적 능력이 가진 것의 전부라면, 상실에 대한 유일하고도 합당한 반응은 일종의 금욕주의일 것이다. 하지만 두려움 너머로 발돋움하여 상실의 현실을 끌어안도록 하나님께서 사랑의 영이신 예수님의 영을 우리에게 주셨다. 애통이란 상실의 고통을 내 마음속에 들여 놓는 것, 용기를 내서 내 상처를 인식하고 느끼는 것, 울며 아파하거나 소리쳐 따질 수 있는 자유를 받아들이는 것이다. 즉, 기쁨을 만날 수 있는 내면의 자리로 인도받는 모험을 감행하는 것이다.

"울 때가 있고 웃을 때가 있으며 슬퍼할 때가 있고 춤출 때가 있"(전 3:4)다. 하지만 나는 그러한 때들이 서로 이어져 있다고 말하고 싶다. 애통과 춤은 은혜를 고백하는 동일한 몸짓의 일부다. 당신의 눈물 속에서 생명의 선물이 주어진다. 당신의 애통 속에서 춤의 첫 동작이 시작된다. 상실에서 솟아나는 울음이 당신의 찬송에 녹아든다.

애통할 줄 모르는 사람은 기뻐할 수 없다. 슬퍼 본 적이 없는 사람은 즐거워할 수 없다. 한참 울다가 눈물 사이로 배시시 미소가 번질 때가 얼마나 많은가. 애통하는 중에 당신은 이미 안무(按舞)를 짜는 것이다. 슬픈 눈물이 당신의 영을 녹여 주었고, "감사합니다"라고 말할 수 있는 가능성을 열어 주었다. 또한 이때 당신만의 독특한 여정을 하나님이 당신을 빚으시는 방식이라고 주장해도 좋다.

❦ 당신은 혼자가 아니다

슬픔에서 기쁨으로 가는 여정의 첫 단계가 당신의 상실을 직시하고 애통하는 것이라면, 두 번째 단계는 이것이다. 당신의 고난을 더 큰 세상의 고난과 연결시키라. 당신의 상실을 다른 사람들의 고난에 비추어 보라.

데이브레이크에 올 무렵 나는 개인적으로 심한 몸살을 앓고 있었다.[2] 학문 세계에 다년간 몸담았다가 중앙아메리카의 빈민들을 방문하고 돌아와서 분주한 강연 일정을 쫓아다니는 사이에 나는 영적으로 고갈되었다. 자신의 내적 갈등을 해결할 길은 찾지 않고 이 대륙 저 대륙 정신없이 다니다 보니 영혼의 격랑은 갈수록 거세졌다. 나는 내가 잘 알아서 한다는 망상, 내 내면과 주변 세상에서 내가 부딪치고 싶지 않은 것들은 피할 수 있다는 망상에 매달렸다.

그러다 데이브레이크에 와서 정신 장애인과 신체 장애인의 극심한 고통을 보면서 내 고통스런 문제가 점차 새로운 시각으로 보였다. 내 문제가 훨씬 큰 고난의 일부라는 걸 깨달았고, 그 통찰로 내 고통 속에서 살아갈 새로운 힘을 얻었다. 나는 치유란 마귀가 의도한 고립 상태에서 내 고통을 끄집어내고, 내 모든 고난이 종류 여하를 막론하고 온 인류와 나아가 모든 피조물이 함께 겪는 것임을 바로 아는 데서 시작된다는 것을 깨달았다. 그렇게 할 때 우리는 어둠의 세력과 맞서 싸우는 큰 싸움에 동참하게 된다. 우리의 작은 삶이 훨씬 더 크고 우주적인 세계에 가담하는 것이다.

내가 깨달은 것이 또 있다. 대부분이 글을 읽을 수 없고 제 몸조차

가눌 수 없는 사람들, 똑똑하고 건강한 사람들만 인간 대접을 받는 세상에서 외면당한 사람들, 바로 그들 속에서 나는 인간의 고통과 하나님의 고통을 연결하는 법을 배울 수 있었다. 그 연결성이 보이자 나도 그 일부가 되고 싶어졌다. 내 고통을 모두의 고통과 연결시키고 싶었다. 문득 깨달았다. "나는 인류와 하나다!"

나만 대단한 예외가 아니었다. 남들이 고생하듯 나도 고생한다. 남들이 울듯 나도 운다. 그리고 남들이 춤추듯 나도 춤출 수 있다.

또 한 가지 깨달은 것이 있다. "그래, 나도 이 진리를 함께 살아 내고 싶다. 공동체로 살고 싶다."

슬픔에서 기쁨으로 가는 움직임의 핵심에 '공동체'와 '연대감'이 있다. 당신의 고통을 남들의 고통과 연관 지어 느끼기 시작하면, 함께 고통에 부딪칠 수 있다. '긍휼'(compassion)이라는 단어가 거기서 왔다 (com은 '함께', passion은 '고통당하다', 즉 '다른 사람들과 함께 아파하다'라는 뜻이다). '인내'(patience)라는 말의 어원도 동일하다(patior라는 어원은 '고통당하다라는 뜻이다). 인내란 삶의 고통을 경험하는 것이다. 그것을 남과 함께 경험하면 긍휼을 느끼게 된다. 치유란 그렇게 시작된다.

치유는 신기한 답이나 "이렇게 하라, 저렇게 하라"라는 말에 있지 않다. 치유는 어찌할 줄 모르는 무력함을 함께 경험할 때 시작된다. 그래서 긍휼함을 키워 가는 것이 중요하다. 내 상실의 고통을 느끼고 살아 내면 더 넓은 세상, 곧 죄수들·난민들·에이즈 환자들·굶주리는 아이들을 비롯해 늘 두려움 속에 살아가는 무수한 인간들의 고난과 상실에 대해서도 슬퍼하는 마음이 열린다. 그러면 내 삶의 고통이 나를 고난당하는 인류의 탄식과 연결시켜 준다.

당신은 이제 자신의 고통을, 고통당하는 다른 사람들과 연대해 낼 수 있겠는가? 당신은 이렇게 말할 수 있는가? "그래, 이것은 인간됨의 일부다. 나는 이것을 무수히 많은 사람들, 나보다 먼저 태어난 사람들, 내 한참 전에 살았던 사람들, 내 한참 뒤에 살 사람들과 공유한다." 또 이렇게 말할 수 있는가? "어찌 되었든 나는 하나님의 큰 구원 이야기의 일부다. 나는 인류의 오랜 고난과 연결되길 원한다. 내 고난을 충실히 겪되 혼자 떨어져서가 아니라 슬픔과 기쁨을 함께 경험하는 전 인류의 위대한 사랑의 드라마에 연결되어 살고 싶다."

이 커다란 실존의 씨름에, 하나님의 사랑과 구원에 대한 믿음의 씨름에 의식적으로 연결되어 살라. 친구가 고통 중에 있거나 소중한 사람과 사별했다면, 당신은 그냥 들어 주며 이렇게 말할 수 있다. "너에게 뭐라고 말해야 할지 모르겠지만 너와 함께 있고 싶어. 궂은일에 대해서 빈말로 위로하지 않을게. 더 좋은 일이 있을 거라는 말도 하지 않을 거야. 지금 여기 네 곁에서 이렇게 말하고 싶어. '그래. 많이 아프지? 하지만 넌 혼자가 아니야.'"

당신의 가정이나 공동체가 고통당하고 있거든 당신도 아픔을 함께 느끼며 그 고통 속에 숨어 있는 기쁨을 발견하기 바란다. 그 고생 속에 함께 있으라. 상실과 슬픔을 내려놓는 길은 내 개인의 고통을 인류의 큰 고난과 연결시키는 것, 나 자신의 비애와 상실을 세상의 큰 그림의 일부로 이해하는 것이다. 우리는 혼자가 아니다.

❀ 내 곁에서 걷고 계시는 분

'엠마오로 가는 길'은 누가복음에 나오는 예수님과 제자들에 관한 유명한 부활절 이야기다(눅 24:13-35 참조). 하지만 더 깊은 차원에서 그것은 슬픔에서 기쁨으로 움직이는 것에 관한 이야기다. 엠마오로 가는 제자들의 길은 우리가 내면적으로 슬픔과 상실의 자리에서 기쁨과 감사의 자리로 옮겨 가는 데 도움이 된다. 이 이야기를 깊은 차원에서 듣고 느껴 보기 바란다.³

두 사람이 함께 걷고 있다. 걷는 모습으로 보아 그들은 즐겁지 못하다. 몸은 구부정하고 얼굴은 수심에 찼고 동작은 느리다. 서로 쳐다보지도 않는다. 얼마 전 슬프고 우울한 일이 있었다. 어쩌면 그들은 환멸마저 느꼈다. 스승이 떠나가서 비통했고, 함께하던 삶이 뜻대로 풀리지 않아서 낙심했다.

불과 몇 년 전에 만난 한 분이 그들의 삶을 바꾸어 놓았다. 그분을 따르려고 평소 하던 일도 다 그만두었다. 그분은 그들의 실존 곳곳에 새로운 생기를 가져다주었다. 살던 동네를 떠나 그 낯선 분과 그분의 친구들을 따라간 그들은 평범한 활동의 베일 속에 가려진 전혀 새로운 세계를 발견했다. 그 세계에서는 용서와 치유와 사랑이 한낱 말뿐이 아니라 인간의 핵심 자체를 건드리는 능력이었다. 나사렛의 낯선 분이 모든 것을 새롭게 하셨다. 그분을 통하여 변화된 이들에게 세상은 더 이상 짐이 아니라 도전이었고, 함정의 밭이 아니라 끝없는 기회의 장이 되었다. 그분은 그들의 일상에 기쁨과 평안을 주었다. 그들의 삶을 춤으로 바꾸어 놓으셨다!

그런데 그분이 죽어서 그들을 떠나신 것이다. 광채를 발하시던 그분의 몸은 고문자들의 손에 의해 최후를 맞았다. 그들은 그분을 잃었다. 그분만이 아니라 자기 자신도 함께 잃었다. 낮과 밤을 가득 채워 주던 기운은 그들을 떠났다. 허망하기 짝이 없었다. 이제 두 사람은 미아가 되어 집 아닌 집으로 가고 있다. 어두운 추억이 되어 버린 곳으로 터벅터벅 돌아간다.

두 제자가 상실을 애통하며 귀향길을 가는데 예수께서 다가와 그들 곁에서 걸으신다. 그런데 그들은 고통에 젖어서 그분을 알아보지 못한다. "다 잃었습니다. 희망도 잃고 기쁨도 잃고 스승도 잃었습니다. 당신은 무슨 일이 있었는지도 모른단 말입니까? 우리에게 정말 생명을 주실 줄로 알았던 분이 죽으셨으니 이제 다 끝났습니다!"

그러자 예수님은 "걱정할 것 없다. 다 잘될 것이다"라고 말씀하지 않으신다. 아니, 그분은 이렇게 말씀하신다. "말해 보라. 너희의 고통을 내게 말해 보라. 너희의 슬픔을 보여 다오. 나도 너희의 고뇌를 느끼고 싶다. 너희와 함께 있고 싶다. 너희 이야기를 듣고 싶다."

그다음에는 어떻게 되는가? 예수께서 아주 희한한 말씀을 하신다. "미련한 자들이여."

'멍청한 자들'이라는 뜻으로 하신 말씀은 아닐 것이다. 실은 그보다 훨씬 정감어린 말이다. 그분은 "미련하고 더디 믿는 자들이여"라고 부드럽게 말씀하신다. 이 말이 두 제자의 마음속으로 직행한다.

'미련하다'(foolish)라는 말은 껄끄러운 말, 방어를 유발하는 공격의 말이다. 하지만 두려움과 자의식의 껍질을 깨뜨리고, 인간 존재에 대한 전혀 새로운 지식으로 이끌 수 있는 말이기도 하다. 이는 눈가리개를 뜯어내고 쓸데없는 방어기제를 찢는 경종의 말이다. "미련한 자들이여, 보이지 않느냐? 들리지 않느냐? 모르겠느냐? 너희는 지금 온 세상이 훤히 내려다보이는 산꼭대기에 서 있으면서 그것도 모른 채 작은 덤불 하나만 보고 있다. 이 상실을 통하여 생명의 선물을 받을 수 있건만 너희는 그것도 모르고 상실을 불평한다."

낯선 동행자가 굳이 그들을 "미련한 자들"이라 부른 것은 그들로 하여금 보게 하기 위해서다. 갑자기 사건이 벌어진다! 이야기가 바뀐다. 낯선 동행자가 말하기 시작하자 그들은 그 말씀에 바짝 귀를 기울인다. 그분이 먼저 그들의 말을 들어 주셨기에 이제 그들도 그분의 말씀을 들을 수 있다.

예수님은 아브라함과 모세와 선지자들에 대하여 말씀하셨다. 인간의 고난이 새로운 것을 낳는다고 이야기하셨다. "너희는 아브라함이 조국을 떠나 새로운 곳으로 가야 했던 것을 모르느냐? 모세가 이집트에서 나와 동족과 함께 광야에 살아야 했던 것을 모르느냐? 모든 선지자들이 고난당하는 메시아에 대하여 말하면서, 너희를 새로운 방식으로 함께 살도록 부르고 있음을 모르느냐? 내가 고난당해야 했고 너희가 고난당할 것이고 우리가 함께 고생해야 할 그 모든 때를 너희는 모른단 말이냐? 이것이 구원과 희망과 재창조의 길임을 모르겠느냐? 밀알이 죽지 않으면 그냥 밀알로 있지만 죽으면 열매를 맺는다. 너희 목숨을 잃어야 얻는다는 것을 모르겠느냐?"

이 모든 말씀은 혼내거나 겁주려는 것이 아니라 계시였다.

우리가 슬픔과 비애에 잠겨 걷고 있을 때 예수님이 곁에 오셔서 성경을 풀어 주신다. 여정 중에 그분은 성경 본문들이 어째서 그분에 관한 것인지 설명해 주신다. 읽는 곳이 출애굽기든 시편이든 선지서든 복음서든, 모두가 우리 마음에 와 닿는다. 그런데 우리는 그 길동무가 예수님이란 걸 모른다. 우리는 그분을, 내 삶 속에 벌어지는 일을 잘 모르는 낯선 동행으로 생각한다. 하지만 그러면서도 우리는 뭔가를 느낀다. 우리 마음이 속에서 뜨거워지기 시작한다. 우리는 그분이 함께 계신 당장의 순간에는 무슨 일인지 알아차리지 못한다. 나중에, 때로 한참 나중에, 다 끝나고 나서야 혹시 이렇게 말할 수 있다. "길에서 우리에게 말씀하시고 우리에게 성경을 풀어 주실 때에 우리 속에서 마음이 뜨겁지 아니하더냐"(눅 24:32).

그러나 그분이 함께 걸으시며 말씀하실 당시에는, 너무 가깝고 너무 일러서 미처 생각이 안 된다.

그들의 상실·슬픔·자책감·두려움·가물가물한 희망·초조한 마음속에 고개를 쳐들던 많은 대답 없는 의문, 이 모두를 그 낯선 동행이 들어 올려 그들의 이야기보다 훨씬 큰 이야기의 정황 속에 들여 놓았다. 그러자 혼란스러워 보이던 것이 새로운 지평을 내보였고, 답답해 보이던 것이 임박한 해방처럼 느껴졌고, 한없이 슬퍼 보이던 것이 기쁨의 성질을 띠기 시작했다!

그분이 말씀하시는 동안 그들은 자기네 작은 삶이 생각만큼 작지 않고, 오히려 많은 세대를 아우를 뿐 아니라 영원부터 영원까지 뻗어 있는 큰 신비의 일부임을 차근차근 깨달았다.

낯선 동행자는 슬퍼할 이유가 없다고 말하지 않았다. 오히려 그들의 슬픔이 더 큰 슬픔의 일부이며 그 속에 기쁨이 숨어 있다고 말했다. 그분은 그들이 애통하는 죽음이 현실이 아니라고 말하지 않았다. 오히려 그 죽음을 통하여 새 생명, 참 생명이 도래했다고 말했다. 그분은 그들이 용기와 희망을 주던 친구를 잃지 않았다고 말하지 않았다. 오히려 이 상실로 말미암아 그들이 여태까지 경험한 어떤 우정보다도 훨씬 나은 새로운 관계의 길이 열릴 거라고 말했다. 낯선 동행자는 그들이 한 말을 결코 부정하지 않았다. 오히려 그것을 훨씬 큰 사건의 일부로 인정해 주었다. 그 큰 사건 속에서 그들은 독특한 역할을 부여받았다.

낯선 동행자의 말을 듣는 사이에 두 슬픈 제자의 내면에 변화가 일어났다. 존재의 심연에 와 닿는 새로운 희망과 기쁨을 느꼈을 뿐만 아니라 그들의 발걸음도 한결 결연해지고 목적이 생겼다. 낯선 동행자가 그들에게 새로운 방향감각을 준 것이다. 그들의 마음은 뜨거워지기 시작했다.

이 진리를 발견하고 싶다면 당신의 삶을 더 큰 이야기의 일부로 보아야 한다. 지금 당신의 삶은 역사 속에서 당신 앞의 사람들이 살았고 뒤의 사람들이 살아갈 그 전체 맥락 안에 있기 때문이다. 당신이 경험한 친구의 상실, 가족의 상실, 예수님에 대한 기대감의 상실은 과거와 현재와 미래의 어마어마하게 큰 상실 이야기의 일부다. 따라서 이후에 새 생명과 더 큰 기쁨이 오리라는 것을 믿어야 한다.

지금 당신 안에 그런 일이 벌어지기를 바란다. 계시되는 말씀 속에서 그리스도의 임재를 느끼기 시작하면서, 당신 마음속에서 온기가 달아오르는 게 느껴지는가? 희미하게라도 마음에서 사랑의 소리가 들려 오지 않는가? 당신의 이름을 부르시는 분의 음성을 일단 듣고 신뢰하면, 말씀하시는 분이 주님이시라는 걸 알게 된다. 그 이름은 바로 예수시다.[4]

  슬픔에서 기쁨으로 옮겨 가는 첫 단계는 당신의 상실을 직시하고 애통하는 것이다. 두 번째 단계는 당신의 고난을 더 큰 세상의 고난과 연결시키고, 당신의 상실을 다른 사람들의 고난에 비추어 보는 것이다. 그러다 보면 당신이 혼자가 아니라, 함께 고생하며 새로운 세계가 계시되기를 탄식하고 고대하는 더 큰 인류의 일부라는 사실에 감사할 수 있다. 엠마오로 가는 길에서 예수님은 성경을 통하여 임재하신다. 바로 그 인내와 회복의 임재가 슬픔을 기쁨으로, 애통을 춤으로 바꾸어 준다.

깊이 들어가기
영성 계발을 위한 훈련 노트 3

누가복음 24장 13-35절에 나오는 엠마오 길의 예수님 이야기를 읽으라. 사람들과 함께 세 번 천천히 소리 내어 읽는다. 주의를 요하는 단어나 문구나 이미지를 표시해 두었다가 더 깊이 묵상한다.

❖ **묵상과 일기**

1 스승을 잃고 슬퍼하며 엠마오로 가던 제자들의 심정에 공감이 가는가? 당신의 고통을 들어 주고 이해해 주는 노상의 낯선 분을 상상할 수 있는가? 그분을 당신 집으로 초대하여 식탁에 모실 수 있는가? 그분이 특유의 방식으로 빵을 떼시는 것을 알아볼 수 있는가? 바로 그분이 당신의 슬픔을 기쁨으로 바꾸어 주시고 당신 마음을 다시 뜨겁게 해 주시는가?

2 당신 곁에 걸으시는 그분을 어떻게 알아보았는가? 일기를 보면서, 당신이 그간 성경을 통해서나 빵을 떼는 중에나 동행의 선물 덕분에 예수님의 임재를 알아보았던 때를 다른 사람과 나누어 보라.

3 헨리 나우웬은 엠마오 도상의 두 제자 이야기가 다섯 부분으로 되어 있다고 말한다. 즉, 애통에서 춤으로 옮겨 가는 방법은 다섯 단계로 이루어진다.

1. 당신의 상실을 애통한다.
2. 당신의 고난을 인류의 큰 고난과 연결시킨다.
3. 길에서 당신이 알아본 '그분'을 집으로 초대한다.
4. 당신 안에 살아 계신 그리스도와 교제를 나눈다.
5. 기쁘게 세상으로 나간다.

현재 당신은 어떤 단계를 실천하는 중인가? 또는 어떤 단계를 시도하고 싶은가?

4 그리스도인들이 영적으로 알아보아야 할 분은 인생길에서 때로는 낯선 이로 오셔서 우리를 만나 주시는 부활하신 그리스도다. 나보다 크신 '임재'가 내 삶 속에서 일하고 계심을 인식할 줄 알면 우리 마음이 뜨거워진다. 부활하신 그리스도는 우리 곁에 걸으시며 성경을 풀어 우리 삶의 숨은 이야기를 계시해 주시는 스승이시다. 이제부터 당신은 자신의 상실과 그 경험에서 배운 교훈을 어떤 식으로 말하겠는

가? 당신의 고통과 슬픔은 남을 돕는 역량을 어떻게 키워 주었는가? 참담한 상실을 겪은 사람에게 어떻게 인내와 긍휼로 다가가겠는가? 그동안 당신은 자신의 삶 속에서 스승이신 그리스도를 어떻게 알아보았는가?

❖ 거룩한 독서

"애통할 때와 춤출 때"라는 헨리 나우웬의 글에 슬픔에서 기쁨으로 움직여 가는 사람들을 위한 묵상글이 있다.[5] 주목을 끄는 특정한 단어들을 강조해 가면서 천천히 주의 깊게 소리 내어 읽어 보라. 혼자 읽어도 좋고 그룹으로 읽어도 좋다.

애통할 때와 춤출 때

예수님은 만가(輓歌, 죽은 사람을 애도하는 노래-편집자주)를 부르러 오셔서 "나와 함께 울라"라고 말씀하신다. 예수님은 피리를 불러 오셔서 "나와 함께 춤추자"라고 말씀하신다. 우리 안에는 성령께서 새 생명을 가져다주시는 은밀한 곳이 있다. 당신 안에는 아기 예수가 태어나시는 구유가 있다. 당신 안에는 은혜의 씨앗이 자라날 수 있는 영혼의 기경된 땅이 있다. 우리 안에 계신 하나님의 영은 "애통할 때가 있고 춤출 때가 있다"라고 말씀하신다. 우리를 애통하게 하시는 치유의 영이 곧 우리를 춤추게 하시는 그 영이시다. 춤의 신비는 춤동작들이 애통 속에 있다는 것이다.

1. 애통할 때

애통하라. 내 백성이여, 애통하라. 당신 마음에 고통이 끓어 올라 흐느낌과 눈물로 터져 나오게 하라. 당신 부부 사이에 존재하는 침묵을 애통하라. 당신의 빼앗긴 순결을 애통하라. 포근한 포옹의 부재, 친밀한 우정의 부재를 애통하라. 당신 자녀의 반항적인 태도, 친구의 무관심, 동료의 냉혹한 마음을 애통하라. 자유를 찾아 난민촌에 이른 사람들, 정의에 목말라 옥에 갇힌 사람들을 인하여 애통하라. 양식이 없고, 돌보는 손길이 없고, 사랑이 없어 죽어가는 무수히 많은 사람들을 위하여 울라. 자유와 구원과 구속(救贖)을 위하여 울라. 마음속 깊이 통곡하라. 그 눈물 때문에 당신의 눈이 하나님 나라가 바로 당신 코앞에 와 있음을 보게 될 것을 믿으라!

2. 춤출 때

치유란 성령께서 춤추자고 불러내실 때 응하는 것이다. 완전히 벌거벗어 몸놀림에 거칠 것이 없을 때 솟구치는 그 자유를 당신은 느낄 수 있는가? 다윗이 언약궤 앞에서 춤추었던 것처럼 당신도 춤출 수 있다. 더 이상 잃을 게 없는 데서 오는 삶의 희열을 당신 존재의 심연에서 감지할 수 있는가? 애통하는 친구의 젖은 눈에 서리는 잔잔하고 아름다운 미소가 보이는가? 예수님은 우리의 슬픔 속에 들어와 우리 손을 잡고 살짝 일으켜 세우신 다음 우리를 춤으로 초대하신다. 내 슬픔의 좁은 구석에 머물 필요 없이 광활한 미지의 땅으로 나아갈 수 있음을 우리는 춤을 추다가 깨닫는다. 그리하여 결국은 온 세계가 우리의 춤판이란 걸 알게 된다.

떠나라! 당신의 아버지, 어머니, 형제, 자매, 친구를 떠나라. 당신의 그물을 버리라. 그러면 많은 아버지, 어머니, 형제, 자매, 친구를 얻게 된다. 온 세상이 당신 것이 된다. 어디서고 당신이 춤추는 곳마다 사람을 낚게 된다.

❖ 거룩한 관찰

반 고흐의 생기 넘치는 멋진 〈해바라기〉를 보라.[6] (183쪽 그림 참조) 고달픈 인생에서 그는 얼마나 깊은 비애와 슬픔과 우울을 맛본 사람인가. 그런데도 그는 얼마나 깊은 아름다움과 환희와 무아경을 품을 수 있었던가. 생명이 충일한 그의 해바라기 그림을 보노라면, 애통이 어디에서 끝나고 춤이 어디에서 시작되는지 누가 알 수 있겠는가? 둘은 결코 분리되지 않는다. 애통은 춤을 부르고 춤은 애통을 부른다. 영광은 고통 속에 숨어 있다. 서로 짝이 되어 버린 이 신비로운 이중성 속에서 빈센트는 삶을 즐거워한다.

고흐는 영적 의문들로 깊이 고뇌하는 이들에게 해 줄 말이 많은 사람이었다. 젊은 날의 대부분을 그는 목사가 될 것인지 화가가 될 것인지 고민하며 보냈다. 두 직업 모두에서 그는 가난한 자들에게 다가갈 길을 모색했다. 광부들과 함께 살던 보리나주를 떠난 그는 설교자가 아니라 화가가 되는 길로 들어선다.

나이가 들수록 그리고 내 고난의 의미를 알려 하면 할수록 나는 고흐가 정말 친구 같다. 그가 즐겨 쓰던 표현 중에 "슬픔에 잠겨서도 늘 기뻐한다"라는 말이 있다. 그의 삶과 그림은 영적 삶의 3가지 요소를 잘 보여 준다. 우리는 고통당하는 이들과 함께 울부짖음으로 연대를 이룬다. 고통 중에 있는 이들과 깊이 공감함으로 위로한다. 끝으로, 우리는 인간 공유의 고통을 넘어 희미한 힘과 희망을 가리켜 보임으로 위안을 베푼다.

칙칙한 네덜란드 시골을 떠나 앤트워프에 잠시 머물다 파리로 간 고흐는 그 도시와 주변의 밝고 화려한 색조에 매료되었다. 거기서 그는 자주 꽃에 빠져들어 정물화 그리는 것에 재미를 들였다. 그는 열정에 차서 동생 테오에게 이렇게 썼다. "자연이 불타오르기 시작하는 것 같아. 만물이 고(古)금색, 청동색, 구릿빛을 머금고 있어. …… 태양은 내 표현력이 부족해 노란색, 유황색, 연노랑, 담황색, 금색이라 할 수밖에 없어." 고흐는 테오에게 또 이렇게 썼다. "오! 이 태양을 믿지 않는 이들은 …… 정말 신앙이 없는 이들이야. 태양은 어둠 속의 빛, 자연과 인간을 밝혀 주는 빛, 죽은 자를 무덤에서 불러내는 빛이야. 보는 눈이 있는 이들은 모든 빛이 한 태양에서 옴을 알 수 있어." 고흐의 태양을 보는 이들은 그의 연대와 위로를 알게 되고, 자기 자아의 심연 속에서 찬란한 태양빛을 보게 된다.[7]

Spiritual formation

4 원망에서 감사로

진정한 영성 계발은 하나님이 내 영혼의 돌덩이를 깎아 원망의 돌조각들을 파내시도록 가만히 있는 것이다. 돌조각이 크든 작든 떨어져 나갈 때마다 아픔이 있지만 그렇게 깎아 내야만 빈 공간이 생긴다. 거기서 비로소 우리는 채워지고 치유되어 마침내 하나님이 의도하신 우아한 춤추는 자로 변화될 수 있다.

"하늘나라는 자기 포도원에서 일할 일꾼을 고용하려고 이른 아침에 집을 나선 어떤 포도원 주인과 같다. 그 주인은 하루 품삯으로 1데나리온을 주기로 하고 일꾼들을 포도원으로 보냈다. 오전 9시쯤 돼 그가 나가 보니 시장에 빈둥거리는 사람들이 있었다. 그는 그들에게 '너희도 내 포도원에 가서 일하라. 적당한 품삯을 주겠다'라고 했다.

그래서 그들도 포도원으로 들어갔다. 그 사람은 12시와 오후 3시쯤에도 다시 나가 또 그렇게 했다. 그리고 오후 5시쯤 다시 나가 보니 아직도 빈둥거리며 서 있는 사람들이 있었다. 그는 '왜 하루 종일 하는 일 없이 여기서 빈둥거리고 있느냐?'고 물었다. 그들은 '아무도 일자리를 주지 않습니다'라고 대답했다. 주인이 그들에게 말했다. '너희도 내 포도원에 와서 일하라'고 말했다.

날이 저물자 포도원 주인이 관리인에게 말했다. '일꾼들을 불러 품삯을 지불하여라. 맨 나중에 고용된 사람부터 시작해서 맨 처음 고용된 사람까지 그 순서대로 주어라.'

오후 5시에 고용된 일꾼들이 와서 각각 1데나리온씩 받았다. 맨 처음 고용된 일꾼들이 와서는 자기들이 더 많이 받으리라고 기대했다. 그러나 각 사람이 똑같이 1데나리온씩 받았다. 그들은 품삯을 받고 포도원 주인을 향해 불평했다. '나중에 고용된 일꾼들은 고작 한 시간밖에 일하지 않았습니다. 그런데 하루 종일 뙤약볕에서 고되게 일한 우리와 똑같은 일당을 주시다니요?'

그러자 포도원 주인이 일꾼 중 하나에게 대답했다. '여보게 친구, 나는 자네에게 불의한 것이 없네. 자네가 처음에 1데나리온을 받고 일하겠다고 하지 않았나? 그러니 자네 일당이나 받아 가게. 나중에 온 일꾼에게 자네와 똑같이 주는 것이 내 뜻이네. 내가 내 것을 내 뜻대로 하는 것이 정당하지 않은가? 아니면 내가 선한 것이 자네 눈에 거슬리는가?'

이처럼 나중 된 사람이 먼저 되고 먼저 된 사람이 나중 될 것이다"
(마 20:1-16, 우리말성경).

당신은 어떤지 모르지만 늦게 온 사람들의 비유는 나를 몹시 화나게 한다.[1] 어째서 주인은 막판에 온 사람들에게 포도원에서 온종일 일한 사람들과 똑같은 품삯을 준단 말인가? 공평하지 못하다. 옳지 않다. 종일 일한 사람들에게 품삯을 더 줄 마음이 없다면, 적어도 그들 먼저 품삯을 주어 보낼 수라도 있지 않은가! 늦게 온 사람들이 얼마나 받는지 굳이 그들 눈으로 보지 않아도 되도록 말이다. 하지만 아니다! 일찍부터 와서 하루 종일 일한 사람들의 면전에서 주인은 늦게 온 사람들에게도 하루치 품삯을 준다. 그리하여 원망의 빌미를 만들어 낸다.

오랜 기간에 걸쳐 이 비유를 묵상하면서 나는 내가 독선적이라는 사실과 신앙의 포도원에 일찍 온 나 같은 사람과 똑같은 품삯을 받는 지각생들 때문에 원망하는 마음을 품고 있다는 걸 깨달았다. 나를 한없이 사랑하시는 분이 시켜 주신 일을 형제자매들과 함께 온종일 하는 것이 얼마나 큰 특권인지 나는 잘도 잊어버린다. 주인이 다른 사람들에게 베푸는 후한 마음을 나는 무엇 때문에 즐거워하지 못하는가? 또한 내가 받은 것과 그들이 받은 것을 왜 나는 감사하지 못하는가? 남들을 비판하기보다 감사하는 자리로 나아가는 움직임은 깊은 회심의 한 시작점이다.[2]

❖ 원망의 위험성

원망은 하나의 격정이다. 의지했던 사람들과 단체에 대하여 분노와 좌절을 느끼게 하고 우리를 무력하게 만드는 일련의 불만이다. '격정'(passion)이라는 말의 본뜻은 '고통'(pathos)이며, 사리에 맞게 행동할 수 있는 힘이 불가항력의 감정 때문에 꺾이는 것이다. 때로 이 무력감은 대상 모를 격노나 무차별 폭력으로 표현되기도 하지만, 대개는 갑갑하고 강박적인 원망의 길로 빠진다. 원망이 비록 분노가 폭발하는 것보다는 덜 무섭고, 덜 가시적이어도 파괴성은 그에 못지 않다.

분노가 얼마나 뜨거운지는 누구나 안다. 심리학에서 말하듯이, 자신의 성난 감정을 대면하고 명명하고 때로 쏟아 내면 분노가 꽤 위력을 잃는다. 자신의 분노를 '분석'하고, 화나는 이유들을 파악하고, 상처주는 사람들을 만나서 푸는 것이 좋다. 이런 작업으로 거품을 빼면 분노가 우리 마음에 둥지를 틀지 못한다. 그러나 성난 감정을 표출하지 않고 꽁하면 원망이 자리를 잡는다.

원망은 차가운 분노다. 뜨거운 분노가 차가워지면 마음이 무정해지고 삶이 엉망이 된다. 원망은 당신을 의심과 냉소와 우울에 빠뜨린다. 그렇게 오랜 시간이 흐르면 원망은 하나의 존재 양식이 된다.

차가운 분노를 품고 사는 이들이 우리 중에 많다. 차가운 분노는 삶이 나를 실망시켰고, 내 고난이 억울하며, 내 불만이 속수무책이라는 깊은 감정이다. 원망은 삶의 가장 못돼먹은 속성 중 하나다. 대인관계와 공동체 생활을 아주 어렵게 만들기 때문이다. 원망은 용서를 구하지 못하게 하며 기쁨이 사라지게 한다. 창의적으로 행동할 수 있는 자유를 앗아간다. 부정적인 감정들을 정체감을 얻는 유일한 길로 보고 거기에 집착하게 만든다. 그러다 우리는 자기가 싫어하는 바로 그런 존재가 되고, 분노를 표출하지 않았다는 알량한 만족감으로 퇴행한다. 바로 이 격정에서 우리는 해방되어야 한다. 그래야 감사하는 삶을 살아갈 수 있다.

대개 원망은 꼭꼭 숨어 있어 가장 원망에 찬 사람들도 자신이 그렇다는 것을 알아차리지 못한다. 원망하는 사람들은 늘 더 많은 관심을 탐하는데, 이는 사람들에게 자신의 부정적 감정들에 대해 지지를 얻고 싶어 하기 때문이다. 그 결과 주변 사람들은 그들을 대할 때 방어적인 자세를 취하게 된다. 그런 식으로 그들은 스스로를 고립시켜, 자신의 내적 자아에 남들이 닿는 것을 거의 불가능하게 만든다. 사랑하는 이들에게 삶을 내어 주고, 열심히 일하고, 칭송받을 덕을 갖춘 사람들일수록 마음이 원망에 짓눌릴 때가 있다. 원망은 충실한 사람들, 덕망 있는 사람들, 순종하는 사람들, 열심히 일하는 사람들을 따라다니는 저주다.

하나님과 가까워지고 사람들을 섬기려는 열망이 뜨거운 사역자들, 사람을 돕는 일을 직업으로 하는 사람들이 특히 원망에 빠지기 쉽다. 이들은 이용당하는 기분을 자주 느끼는데, 그것이 원망으로 이어질 수 있다. 사역자들과 사람들을 지원하려고 있는 종교 기관과 사회 기관이 종종 원망의 온상이 된다. 그래서 자고로 원망을 교회의 가장 파괴적인 격정이라 했다.

충실한 신자들의 삶 속에서 집요한 원망을 처음 본 때가 기억난다. 1973년에 나는 사제 서품을 준비 중인 10명의 신학생을 상대로 피정을 인도해 달라는 부탁을 받았다. 내가 기대한 것은 미래의 사역에 마냥 들떠 있는 생동감 있고 의욕적인 학생들이었다. 내게는 학생들과 함께 기독교 사역 초미의 관심사들을 토론하려는 뜨거운 열정이 있었고 무엇보다 그들을 따뜻하게 환영해 주고 싶었다. 또한 지난 몇 년간 함양되어 합심 기도와 성찬식으로 유감없이 표현될 깊은 공동체 의식을 기대했다. 그들이 받은 많은 지적과 공동생활을 통해 인정된 심적 은사에 대한 감사를 나누며 앞으로 새로 일어날 일들에 대한 희망을 이야기하고 싶었다.

내 기대는 어느 것 하나 충족되지 않았다. 대신 내가 만난 학생들은 또 하나의 종교 강연을 경계하며 어서 서품 과정이 끝나기만을 바라는 지친 젊은이들이었다. 환대 대신 내가 경험한 것은 교회와 나에 대한 명백한 무관심으로 미묘하게 표현된 은근한 적의였다. 그들은 교회에 냉소적이었다. 의무적으로 모이는 피정에 대한 강한 저항감이 느껴졌다.

예전에는 사역으로 부름 받은 젊은이들로 꽉 찼을 공간에서 지나간 영광에 대한 서글프고 공허한 추억만이 떠올랐다. 영적 주제에 관한 대화나 합심 기도를 주저하는 그들에게서 하나님이나 인간의 필요에 대한 진정한 관심은 거의 느껴지지 않았다. 과거를 돌아볼 때는 빈정대는 어조였고, 미래를 얘기할 때는 미지의 세계에 대한 막연한 두려움이 내비쳤다. 폐회 예배 시간이 되었어도 즐거워할 일이 거의 없었다. 진정한 감사가 빠진 허위뿐인 성찬식을 기타 소리조차도 덮어 주지 못했다.

당시 모든 신학생들의 상태나 교회 전체의 분위기가 그랬다고 확대해서 말할 생각은 없지만, 분명히 그것은 만성화된 무기력을 보여 주었다. 그 때문에, 영적인 꿈과 큰 이상을 품은 사람들이 소속 기관에서 꿈과 이상을 실현하지 못한다. 희망과 감사의 옥토가 쉽게 시기와 원망의 온상으로 변할 수 있다. 생명을 주는 뜨거운 믿음과 긍휼로 시작된 것이 생명력과 '열정'(enthusiasm의 *en theos*는 '하나님 안에서'라는 뜻이다)을 잃은 맹독으로 변할 수 있다.

마태복음에 세베대의 두 아들 이야기가 나온다. 그들은 대망의 왕 예수께서 왕위에 오르실 때 그분 곁에 앉고 싶었다. 그런데 예수님께 직접 묻지 못하고 어머니를 내세워 물었다. 야고보와 요한의 어머니는 말했다. "나의 이 두 아들을 주의 나라에서 하나는 주의 우편에, 하나는 주의 좌편에 앉게 명하소서"(마 20:21).

예수님의 대답은 두 형제는 물론 다른 제자들에게도 원망을 불러일으켰다. "너희는 너희가 구하는 것을 알지 못하는도다 내가 마시려는 잔을 너희가 마실 수 있느냐 …… 너희가 과연 내 잔을 마시려니와 내 좌우편에 앉는 것은 내가 주는 것이 아니라 내 아버지께서 누구를 위하여 예비하셨든지 그들이 얻을 것이니라"(마 20:22-23).

이 대답을 들은 다른 제자들은 두 형제에게 분개했다. 예수님께 어찌 감히 그런 청탁을 할 수 있단 말인가? 예수님은 제자들의 시기와 원망을 이렇게 꾸짖으셨다. "이방인의 집권자들이 그들을 임의로 주관하고 그 고관들이 그들에게 권세를 부리는 줄을 너희가 알거니와 너희 중에는 그렇지 않아야 하나니 너희 중에 누구든지 크고자 하는 자는 너희를 섬기는 자가 되고 너희 중에 누구든지 으뜸이 되고자 하는 자는 너희의 종이 되어야 하리라 인자가 온 것은 섬김을 받으려 함이 아니라 도리어 섬기려 하고 자기 목숨을 많은 사람의 대속물로 주려 함이니라"(마 20:25-28).

세베대의 두 아들처럼 우리도 권력자 옆에서 덕을 보려 한다. 왕좌에 앉을 수 없다면 그 옆에라도 바짝 앉으려 한다. 특권을 달라고 직접 말하지 못하겠으면 가까운 사람을 내세워 대신 청하게 한다. 예수님의 가르침은 하나님처럼 되고자 하는 우리의 유혹과 늘 최고 서열이나 최고 특권층이 되지 못하는 것에 대한 우리의 원망을 폭로한다. 하나님 나라에서 일등 자리를 얻을 수 없다면 우리는 불만족스럽더라도 이등 자리를 받으려 할 것이다. 스스로 보기에 일등 자격이 있는데 이등으로 족해야 하는 사람들이 위를 볼 때는 원망에 찬 눈길로, 아래를 볼 때는 의혹에 찬 눈길로 볼 수밖에 없다. 그런 경쟁과 시기의 자리에서는 하나님이나 인간을 제대로 섬길 수 없다.

불만에 집착하면 마음에 원망이 차서, 하나님이 들어와 당신을 해방시켜 주실 공간이 없어진다. 원망은 성령의 역사를 억제하고 내면의 하나님 나라를 축소시킨다. 원망은 믿음·소망·사랑을 두려움·의심·경쟁심으로 바꾸어 놓는다. 분노와 원망으로 반응하느냐 사랑과 감사로 반응하느냐는 하늘과 땅 차이다.

❊ 감사는 태도다

원망의 반대는 '감사'(gratitude의 어원인 라틴어 *gratia*는 '은혜'라는 뜻이다)다. 감사는 이따금씩 "하나님 감사합니다"라고 말하는 것 이상이다. 감사는 태도다. 그 태도 때문에 우리는 분노를 버리고, 내가 섬기는 사람들에게 감춰져 있는 선물을 받고, 그 선물을 공동체에 드러내 축제를 벌일 수 있다. 축제와 사역의 핵심에 감사가 있다.

예수님의 이름으로 살고 행한다는 것이 무슨 뜻인지 생각할 때 깨닫는 것이 있다. 내가 사람들에게 내어 줄 것은 내 지성, 재주, 힘, 영향력, 연줄이 아니라 나라는 인간의 망가진 모습이다. 그 모습을 통하여 하나님의 사랑이 나타날 수 있다. 사역이란 내 연약한 모습으로 사람들과의 교제 속에 들어가 희망의 말을 하는 것이다. 내가 약한 가운데 사역하면 오히려 내 사역 대상들에게서 받는다. 그것이 사역의 위대한 역설이다. 내게 치유와 구원이 필요함을 절감할수록 우리는 다른 사람들이 주는 것을 더 고맙게 받는다.

볼리비아의 코차밤바에서 스페인어를 배울 때 나는 어학원에서 일하는 루차(Lucha)라는 여성을 만났다. 하나님이나 종교에 대한 대화는 서로 하지 않았지만 그녀의 미소, 친절, 내 스페인어를 고쳐 주던 방식, 어린 시절 이야기는 내 안에 영적 시기심을 불러일으켰다. 자꾸만 이런 생각이 들었다. '나도 이 사람처럼 마음이 순수했으면. 나도 그녀처럼 소박하고 개방적이고 온유했으면. 나도 안정되어 있었으면.' 하지만 막상 그녀는 자기가 나에게 무엇을 주고 있는지도 모르는 것 같았다. 그래서 그녀를 향한 나의 사역은 그녀가 특유의 온유한 방식으로 나에게 주님을 보여 주도록 가만히 있는 것 그리고 그것을 고맙게 인정하고 받는 것이었다.

참된 해방은 저마다의 선물을 남에게 주지 못하게 막는 속박에서 사람들을 풀어 준다. 비단 개개인만이 아니라 특히 특정한 인종이나 문화 집단이나 소외층에서도 그렇다. 인도인, 볼리비아인, 장애인 등을 향한 사명이란 정말 무엇일까? 무엇보다도 그들 자신의 깊은 종교성, 역사 속에서 활동하시는 하나님의 임재에 대한 그들의 심오한 신앙, 주변을 둘러싼 자연의 신비에 대한 그들의 이해를 그들과 함께 발견하는 것이 아닐까?

나로서는 받아들이기 어려운 사실이지만, 내가 할 수 있는 최선의 일은 주는 게 아니라 받는 것이다. 내가 마음을 열고 진실로 받을 때, 주는 사람들은 자신의 선물을 알게 된다. 우리는 고맙게 받는 사람들의 눈빛을 통하여 자신의 선물을 인식하게 되는 법이다. 그래서 감사는 그리스도인의 핵심 덕목이 된다. 그리스어로 '카리스'(*charis*)는 '선물' 또는 '은혜'라는 뜻이다. 그렇다면 '성찬의 삶'(*Eucharistic life*)이란 감사의 삶이 아니고 무엇이겠는가?

❀ 감사가 자라는 공동체

원망을 벗어나려면 생명을 주는 무엇으로 이동해야 하는데, 그것이 바로 감사의 태도다. 원망은 행동을 막지만, 감사는 새로운 가능성을 향하여 전진하게 한다. 원망은 부정적인 감정들에 집착하게 하지만, 감사는 내려놓게 한다. 원망은 우리를 걱정의 포로로 삼지만, 감사는 강박을 초월하여 소명을 따르게 한다. 원망은 복잡한 시기심과 혼란으로 우리를 지치게 하고 파괴적인 복수욕을 자극하지만, 감사는 피곤을 몰아내고 새로운 활기와 열정을 준다. 원망은 우리를 끝없는 잡념에 얽어매고 진부한 생각에 몰두하게 하여 밑바닥으로 끌어내리지만, 감사는 우리 자아의 심연의 닻을 이 세상 너머에 두어 외부와 부대끼면서도 자기 자신을 잃지 않게 한다.

어떻게 하면 원망의 사슬을 끊고, 우리를 무력하게 하는 이 걱정에서 해방될 수 있을까? 원망은 인간 조건 속에 아주 깊숙이 뿌리 내려서 쉽게 제거되지 않는다. 하지만 안전하고 서로 지지해 주는 신앙 공동체 내에서 자신의 원망을 고백하고 나면, 용서와 자유의 공간이 트인다. 그렇게 되면 해방하시는 하나님의 은혜가 모든 것을 새롭게 할 수 있다. 우리는 새 노래를 부를 줄 알게 되고, 새로운 감사의 영을 길러 그 안에서 삶 전체를 선물로 받을 수 있게 된다.

영성 계발은 원망이 서서히 감사로 변화되는 길이다. 시기와 원한을 내려놓고 상대를 용서하고 인정하는 영적 훈련을 통하여 우리는 적을 친구로, 경쟁자를 동반자로 삼아 진정 위대해질 수 있다. 종의 자세는 경건한 개념처럼 들릴 수 있지만, 막상 그렇게 살려면 나의 삶이 지켜야 할 내 것이 아니라 나누어야 할 선물이란 걸 겸손히 인정해야 한다. 우리에게 있는 모든 것은 주어진 것이다. 우리의 몫은 감사하는 마음을 품고 감사를 표현하는 것이다.

어떻게 원망에서 감사로 이동할 것이냐는 개개인만 아니라 종교 기관들과 신앙 공동체들 또한 답해야 할 물음이다. 교회라는 기관이 원망의 온상일 때가 많지만, 진정한 기독교 공동체는 감사가 자라고, 선물을 받고, 축복을 나눌 수 있는 옥토에서 이루어진다.[3] 모이는 장소나 내건 이름과 상관없이 소위 교회의 참 본질과 역할은 바로 그런 곳이 될 때 구현된다.

진정한 기독교 공동체는 영적 생활에 감사와 섬김의 영을 길러 주며, 이를 위하여 늘 각자의 마음 상태에 주의할 것을 요구한다. 마음은 우리가 하나님의 음성을 듣고 감사로 반응하는 곳이다. 공동체는 자기 방어의 갑옷을 벗고 내면에 하나님의 영이 거하실 공간을 내려는 지속적인 의지를 발휘해야 한다고 권면한다. 내 강박적 자아를 찬찬히 살피고 새로운 존재 양식에 마음을 여는 용기를 갖추라고 가르친다. 아울러 공동체는 우리를 취하는 자가 아니라 받는 자로 빚어 주고, 세상의 고통과 고난을 귀찮은 방해거리가 아니라 마음의 변화를 위한 초대로 보게 해 준다.

내가 만난 한 노령의 사제가 이런 말을 했다. "늘 내 일에 방해받는다고 불평만 한 세월이 너무나 길었구려. 그런 방해거리들이 곧 내 일이란 걸 이제야 알았다오."

그것을 생이 다할 무렵에야 알았다니 애석하다. 원망이란 바로 삶이 내 뜻대로 풀리지 않는다는 불만, 내 많은 목표와 프로젝트가 올해와 오늘과 지금의 사건들에 방해받는다는 불만, 어쩔 수 없이 우연한 사건들과 우발적인 일들의 수동적 피해자가 될 수밖에 없다는 불만이다.

감사로 이행하려면 하나님이 역사(歷史)의 하나님이시며, 일들이 조용하고 느리게 의당 풀려야 하는 대로 풀리고 있음을 깨달아야 한다. 내 영적 과제는 벌어지는 모든 일을 듣는 법과 하나님의 손이 나를 인도하고 계심을 믿는 법을 배우는 것이다. 그러면 더 이상 삶이 내 스케줄과 계획에 대한 방해거리의 연속이 아니라 하나님이 인내심과 목적을 가지고 하루하루 나를 빚으시고 인도하시는 장이 된다. 감사는 방해거리를 초대로, 불평의 빌미를 관상의 순간으로 바꾸어 준다.

❊ 모든 것이 은혜

언젠가 나는 한 석수가 거대한 돌에서 여기저기 돌 조각을 크게 떼어 내며 작업하는 모습을 보았다. 속으로 '돌이 무척 아프겠구나. 저 사람은 왜 돌에 저런 고통을 주는 것일까?' 하는 생각이 들었다. 그러나 계속 보고 있노라니 돌 속에서 점차 우아한 춤추는 사람이 모습을 드러냈다.

인생의 많은 시간을 나는 내 마음의 둘레에 방어의 돌벽을 쌓으며 보냈다. 이제 와서 막상 내 마음이 굳어져 버렸다는 바른말을 들으면, 꼭 방어벽에서 돌 하나가 생채기를 내며 떨어져 나가는 느낌이다. 그것은 나에게 상처가 되고 두려움과 분노를 일으킨다. 치열한 싸움이다. 하지만 나는 그 과정에서 좀더 의식이 깨이고 두려움을 줄이려 한다.

내면에서 나에게 이런 사랑의 목소리가 들려 온다. "그렇게 두려워하지 마라. 네 삶의 모든 것을 선물로 인식하고 의식적으로 감사하라. 네 삶에 기쁨의 자리를 더 내라. 돌들이 떨어져 나가게 두고 감사하라. 네 안전지대를 벗어나 신뢰하라. 용기를 내고, 네 마음의 더 깊은 갈망에 너 자신을 열고, 벽이 허물어지게 하라. 마음을 열라. 그러면 내가 너의 굳은 마음을 제하고 부드러운 마음을 줄 것이다."

영성 계발에서는 당신의 삶을 견고한 돌벽으로 볼 수 있다. 누구든, 무엇이든 그 벽을 무너뜨리려 하면 저항에 부딪친다. 원망은 돌을 깎아 내시는 하나님의 손을 보지 못하게 우리 눈을 가리지만, 감사는 그 과정을 알아보게 해 준다. 즉, 느리지만 확실하게 우리가 아름다운 예술작품으로 빚어지고 있고, 내 고통을 남들을 위한 치유의 소재로 내놓을 줄 아는 사람으로 준비되고 있는 것이다.

하나님이 내 영혼의 돌덩이를 깎아 원망의 돌조각들을 파내시도록 가만히 있는 것, 그것이 진정한 영성 계발이다. 돌조각이 떨어져 나갈 때마다 크고 작은 아픔이 있다. 익숙한 감정, 아까운 개념, 값진 아이디어, 결정적인 인생 계획, 정당화될 만한 태도, 습관적 행동, 특히 소중한 우정이나 공동체를 내려놓아야 할 때마다 우리 마음에 항변이 생긴다. 그러나 작업 중인 하나님의 애틋한 손길을 볼 용의가 있다면 우리는 알게 된다. 그렇게 많이 깎아 내야만 빈 공간이 생긴다는 것을. 거기서 비로소 우리가 채워지고 치유되어 마침내 하나님이 의도하신 우아한 춤추는 자로 변화될 수 있음을 말이다.

원망을 치유하고 감사로 이행하려면 춤추는 자가 되어야 한다. 즉, 하나님이 내 삶을 지휘하고 인도하실 것을 고통 중에도 다시금 믿어야 한다. 춤의 신비란 한 발짝씩 떼는 스텝들이 곧 춤동작이 된다는 것이다. 느릴 때도 있고 빠를 때도 있다. 부드러울 때도 있고 그렇지 않을 때도 있다. 여정의 모든 발자국들이 은혜의 몸짓이므로 우리는 모든 순간을 감사하며 받아들일 수 있다. 모든 것이 은혜란 걸 알기 때문이다.

가장 깊은 차원의 감사는 삶 전체를, 즉 좋은 일과 궂은일, 기쁨과 고통, 거룩한 부분과 썩 그렇지 못한 부분을 다 감사로 수용한다. 예수님은 우리에게 기쁨과 슬픔이 별개가 아니고, 실은 짝을 이루며,

애통과 춤이 같은 몸짓의 일부란 걸 알라고 하신다. 그래서 그분은 우리에게 여태까지 살아온 모든 순간을 감사하고, 나만의 독특한 여정을 하나님이 내 마음을 빚으시는 방식으로 주장하라 하신다.

감사는 간단한 감정이나 쉬운 태도가 아니다. 감사는 하나님의 인도하심을 구체적인 방식으로 끊임없이 주장해야 하는 힘든 훈련이다. 하나님께서는 우리가 거부당하고 버림받은 경험들, 상실감과 패배감을 직시하게 하시고, 점차 그 안에서 우리 마음을 정화하시어 더 깊은 사랑과 더 굳건한 희망, 더 넓은 믿음에 이르게 하시는 하나님의 손길을 발견하라고 도전하신다.

감사의 소명은 우리에게 "모든 것이 은혜다"라고 고백하게 한다. 고난이 있든 기쁨이 있든 우리는 "그래, 이것을 살아 내고 싶다. 이 속에서 삶이라는 선물을 더 온전히 발견하고 싶다"라고 고백할 수 있다.

과거에 대한 우리의 감사가 부분적으로 그치면, 새로운 미래에 대한 희망도 결코 온전할 수 없다. 없었으면 좋았을 일들, 다르게 풀리기를 바란 관계들, 하지 않았으면 좋았겠다 싶은 실수들 때문에 원망이 남아 있는 한, 우리 마음 한 부분은 여전히 고립되어 새로운 삶의 열매를 맺을 수 없다. 과거 전체를 되찾는다는 것은 더 이상 좋은 일만 기억하고 궂은일은 잊는 것이 아니라 내 과거를 마음이 계속 변화될 기회로 대한다는 뜻이다. 마음이 변화되면 과거를 즐거이 기억할 수 있다. 과거 전체가 우리를 미래로 나아가게 하는 에너지원이 된다.

아울러 우리는 그 안의 은혜를 알아볼 수만 있다면 슬픔을 유발하는 일이 곧 기쁨의 옥토가 될 수 있음을 서로 일깨워 줄 필요가 있다. 우리를 지금 서 있는 자리까지 데려온 모든 것을 두려움 없이 바라보자. 그것을 감사로 받아 하루하루 우리를 인도하시는 하나님의 빛 안에서 주목하자.

깊이 들어가기
영성 계발을 위한 훈련 노트 4

이번 장에서 헨리 나우웬은 피정하러 모인 신학생들이 원망에 차 있었다는 서글픈 이야기를 했다. 원망은 축제의 소재가 못 되기에 그들이 참여한 성찬식은 감사가 될 수 없었다. 원망이라는 격정이 인생에 얼마나 파괴적일 수 있는지 생각하면, 원망에서 감사로 움직여 가는 건 반드시 수행해야 할 영성 훈련이다.

성령의 움직임 속에 들어가면 우리는 원망을 내려놓고 하나님께 두 팔을 벌릴 수 있다. 그러면 그분은 우리를 해방시켜 기쁨으로 섬기게 하시는데, 이때의 섬김은 종교적 의무가 아니라 우리 내면의 감사를 표출하는 것이 된다. 헨리 나우웬은 우리를 지금 서 있는 자리까지 데려온 모든 것을 사랑의 하나님께 비추어 보라고 도전한다.

❖ **묵상과 일기**

1 당신을 지금의 자리까지 오게 한 힘든 디딤돌 하나를 찾아내 보라. 그것을 당신의 걸음을 인도하시는 사랑의 하나님께 비추어 묵상할 수 있는가?

2 헨리 나우웬에게 감사란 삶을 선물로 받고 살아간다는 뜻이다. 어디서 무엇을 하며 살든지, 무슨 일이 닥치든지 그 경험 속 어딘가에서 감사할 수 있는 선물을 보는 것이다. 여태까지 당신의 삶에서 당시에는 힘들었지만 지금은 진심으로 감사할 수 있는 경험들은 무엇인가?

3 사도 바울은 우리에게 범사에 항상 감사하라고 권면한다(엡 5:20 참조). 바울은 또 신자들에게 하나님이 모든 것을 합하여 선을 이루심을 상기시킨다(롬 8:28 참조). 일기를 보면서, 당신이 오늘 감사할 수 있는 것 10가지를 적어 보라. 그 내용을 소그룹에서 나누라.

4 누가복음 15장 11-32절에 나오는 잃어버린 두 아들의 비유를 읽으라. 어떤 면에서 나는 비유 속의 그 형인지 질문의 답을 일기에 한 페이지 정도 써 보라.

❖ **거룩한 관찰**

    1815년 러시아 군대가 무력과 폭력으로 파리에 입성했다. 파괴와 방화 직후에 에르미타주 박물관에 중요한 매입이 있었다. 알렉산드르 1세는 나폴레옹의 전 부인 조세핀 황후가 말메종 궁에 소장하고 있던 예술작품들을 당사자 간의 직접 매매로 사들이게 했다. 아주 값진 반입품 중에 〈헤베〉, 〈파리〉, 〈춤추는 여인〉(Woman Dancing, 184쪽 그림 참조), 〈큐피드와 프시케〉 등 안토니오 카노바의 조각품 넉 점이 있었다. 춤추는 이미지를 깊이 생각하면서 헨리 나우웬의 다음 통찰을 묵상해 보라.

    "언젠가 나는 한 석수가 거대한 돌에서 여기저기 돌 조각을 크게 떼어내며 작업하는 모습을 보았다. 속으로 '돌이 무척 아프겠구나. 저 사람은 왜 돌에 저런 고통을 주는 것일까?' 하는 생각이 들었다. 그러나 계속 보고 있노라니 돌 속에서 점차 우아한 춤추는 사람이 모습을 드러냈다."[4]

    어떤 식으로 당신은 돌이 깎여 나가 춤추는 조각상이 되는 고통을 느끼는가? 지금 하나님이 어떻게 당신 영혼의 방어벽을 부수고 계신 것 같은가? 당신은 어떤 식으로 그 과정에 저항하거나 원망하고 있는가? 어떤 식으로 마음이 열려 있거나 감사하고 있는가?

    안토니오 카노바의 〈춤추는 여인〉을 보면서, 조각상의 차가운 대리석이 느껴지는가? 아니면 움직이는 몸짓이 느껴지는가? 혼자서 또는 다른 사람과 함께 춤판에 올라서 있는 당신의 모습이 보이는가? 당신이 기쁘게 춤추기 위해서 필요한 것은 무엇인가?

Spiritual formation

5 두려움에서 사랑으로

우리가 자신의 정체감을 남들이 나를 어떻게 생각하고 어떻게 말하고 나에게 어떻게 반응하는가에서 찾는 한, 우리는 악착같이 서로에게 매달리게 된다. 그럴수록 우리는 두려움에 차게 된다. 기도는 이 모든 두려움의 집에서 나와 사랑의 집으로 들어가는 길이다.

옛날에 한 무리의 사람들이 세계의 자원을 조사한 뒤에 서로 이렇게 말했다. "불경기가 오면 이 정도로는 부족하지 않을까? 우리는 무슨 일이 있어도 살아남아야 해. 어떤 위기가 닥쳐도 안전하도록 지금부터 양식과 지식을 모으자."

그래서 그들은 사재기에 나섰다. 그들이 하도 극성으로 잔뜩 모아들이자 다른 사람들이 따지고 나섰다. "우리는 목숨을 부지하기도 힘든데 당신네는 필요 이상으로 너무 많이 가진 거 아니오? 당신네 부를 우리에게 좀 떼어 주시오!"

그러나 겁많은 욕심쟁이들은 말했다. "그건 안 될 말이지요. 우리도 비상시를 대비해 갖고 있는 거요. 지금보다 얼마든지 사정이 나빠지거나 목숨이 위태로워질 수 있단 말이요." 하지만 다른 사람들이 되받아쳤다. "우리는 죽어가고 있어요. 제발 우리한테 양식과 물자와 지식을 주시오. 기다릴 여유가 없어요. 당장 필요해요!" 그러자 욕심쟁이들은 겁이 났다. 가난하고 배고픈 사람들이 자기네를 습격할까 봐 두려웠던 것이다.

그들은 서로 말했다. "외부인들이 가져갈 수 없게 빙 둘러 벽을 쌓아 재산을 보호하자." 그들이 쌓은 벽이 어찌나 높았던지 벽 밖에 적이 있는지 없는지조차 더 이상 보이지 않았다! 그래도 두려움이 가시지 않자 그들은 서로 말했다. "적들이 아주 많아졌으니 용케 벽을 허물지도 몰라. 우리 벽은 그들을 막아낼 만큼 튼튼하지 못해. 아무도 감히 접근 못하게 벽 위에 폭발물과 철조망을 설치하자."

하지만 그들은 무장된 벽 안에서 안전 무사한 기분이 들기는커녕 스스로 지은 두려움의 감옥에 갇힌 심정이었다.[1]

❈ 두려움은 두려움을 낳는다

인간에 대하여 알면 알수록 나는 두려움의 부정적 위력에 압도된다. 두려움 없는 삶이 어떤 기분일지 더는 모를 정도로 두려움이 우리 삶의 모든 부분에 배어든 것처럼 보일 때가 많다. 두려움은 우리 개인의 몸과 공동체에 두루 퍼진다. 생각과 말과 행동의 동기가 두려움인 사람들이 허다하다. 우리는 자신을 생각해도 두렵고 이웃들을 생각해도 두렵다. 뭔가 나쁜 일이 벌어질까 봐 두려운 것이다.

두려워할 일은 항상 있는 것 같다. 우리 안에도 있고 주변에도 있다. 가까운 데도 있고 먼 데도 있다. 눈에 보이는 것도 있고 보이지 않는 것도 있다. 나 자신의 무엇일 수도 있고 다른 사람들이나 하나님의 무엇일 수도 있다. 우리 생각과 말과 행동과 반응 속에 늘 두려움이 있다. 두려움은 어디에나 존재하는 힘이어서 떨칠 수 없다. 흔히 두려움은 우리 자아에 아주 깊숙이 침투하여 우리가 알든 모르든 대부분의 선택과 결정을 지배한다. 두려움을 내버려 두면 그것은 우리를 손아귀에 넣어, 두려움의 집에서 인질로 살게 하는 잔인한 폭군이 될 수 있다.

두려움이 우리 삶에 두루 퍼지면 우리는 두려움의 집에서 세상을 내다보게 된다. 두려움의 창에서 보이는 것은 소외와 결핍이다. 힘과 권세를 가진 사람들은 흔히 두려움을 이용하여 내면에 긴장을 조성하고 우리를 분열시킨다. 우리를 두렵게 할 수 있는 사람들이라면 능히 자기네가 시키는 대로 하게 만들 수 있다. 두려움은 우리를 지배하려는 이들의 손에 들린 가장 성능 좋은 무기다. 두려움에 갇혀 있는 한 우리는 말과 행동은 물론 생각까지 노예처럼 변할 수 있다.

세상의 신문과 뉴스를 채우는 이슈와 기사는 두려움과 힘의 의제다. 배우자나 집이나 직장이나 친구나 후원자를 얻지 못하면 나는 어찌될 것인가? 해고당하거나 병들거나 사고가 나거나 친구를 잃거나 결혼생활이 잘 안 풀리거나 전쟁이 터지면 어찌하나?

이런 두려움의 의문들에 대한 영적 진리가 있다. 그런 의문은 결코 사랑에 찬 답으로 이어지지 않는다는 것이다. 모든 두려운 의문 밑에는 다른 많은 두려운 의문들이 숨어 있다. 자녀를 두려면 대학 교육까지 시켜줄 수 있어야 한다고 단정하는 사람은 자신의 직장, 거주지, 인맥 등과 관련된 많은 불안한 새 의문들에 사로잡힌다. 든든한 연줄과 돈이 없으면 행복할 수 없다고 결론지은 사람은 늘 불안해하며 더 욕심을 낸다. 이렇듯 두려움은 두려움을 낳는다. 두려움이 사랑을 낳는 법은 없다.

두려움이 우리 삶을 지배하는 방식은 미묘하다. 우리는 주변 사람들이 다 내 적이라고 의식적으로는 믿지 않을지 몰라도, 꼭 그런 것처럼 행동한다. 이것이 우리 일상의 현실이라면, 어느 날 우리는 제 나라에서 이방인이 된 자신, 두렵고 고립되고 무력한 자신을 발견하게 될 것이다. 자신감과 자유 대신 우리는 불안과 무기력을 경험한다. 희망과 기쁨 대신 공허감과 슬픔을 느낀다. 하나님이 거하시는 사랑의 집에 사는 대신 우리는 두려움의 집에 산다.

❈ 은혜의 초대

몇 달 동안 라틴아메리카에서 가난하고 압제받는 사람들 틈에 있으면서 깨달은 것이 있다. 나와 함께 살던 사람들을 잘 살펴보니 그들은 두려움에 찬 사람들이 아니었다. 두려운 땅에 살면서도 그들은 순박하게 감사할 줄 알았다. 굶주림과 고난과 고통이 있는 곳에 기쁨과 감사와 평안도 함께 있었다.[2]

남반구의 압제와 빈곤의 이면이 곧 북반구 사람들의 두려움과 고뇌와 굴레였다. 이 두 현실은 분리되지 않는다. 자유의 부재와 겁많은 욕심에서 비롯된 우리의 고생은 소위 '개발도상국'에 사는 이들이 당하는 압제와 별개가 아니다. 어찌된 일인지 북미 사람들은 사랑의 삶이 어디서 오는지 거의 잊어버렸다. 우리는 하나님이 거하시는 사랑의 집에 살 수 있는 공동의 희망을 팔아치우다시피 했고, 대신 국경 단속과 각종 안전 조치와 폐쇄 단지를 얻었다.

온전한 사랑이 두려움을 내쫓는다는 사도 요한의 더없이 아름다운 말은 하나님에게서 오는 신적 사랑을 가리킨다. 그는 개발 목표니 안전 조치니 하는 전략적 방책을 상술하지 않는다. 인간적 애정, 심리적 궁합, 상호간의 매력, 깊은 대인 감정도 말하지 않는다. 그것도 중요하지만 사도 요한이 말하는 온전한 사랑은 모든 방책과 기분과 감정과 격정을 초월한다.

모든 두려움을 내쫓는 온전한 사랑은 하나님의 사랑이다. 우리도 그 사랑에 동참하여 사랑의 근원이신 분과 친밀하게 사는 법을 배우도록 초대받았다. 이렇듯 이 참된 소속의 친밀한 자리는 인간의 손으로 만든 자리가 아니라 하나님이 우리에게 지어 주신 자리다. 그분은 우리 가운데 오셔서 장막을 치셨고, 자기 집에서 살자고 우리를 초대하셨고, 우리가 거할 방을 예비하셨다.

신구약 성경에 '집'을 뜻하는 여러 단어가 자주 등장한다. 하나님의 집에 거하고, 하나님의 날개 아래로 피하고, 하나님의 성전에서 보호받으려는 열망이 시편에 가득하다. 시편은 하나님의 거룩한 곳, 하나님의 기이한 장막, 하나님의 견고한 피난처를 찬양한다. 이 영감의 기도들에 표현된 모든 동경을 '하나님의 집에 거하는 것'이라고 압축해도 무방하다.

그러므로 사도 요한이 예수님을 우리 가운데 거하시는 하나님의 말씀이라 표현한 것은 매우 의미심장하다(요 1:14 참조). 요한에 따르면, 예수님은 요한과 안드레를 그분 집에 초대하여 머물게 하실 뿐만 아니라(요 1:38-39 참조) 그분 자신이 새로운 성전임을 계시해 주신다(요 2:19 참조). 고별 설교에 그것이 잘 표현되어 있다. 예수님은 자신을 우리의 참된 집으로 계시하신다. "내 안에 거하라 나도 너희 안에 거하리라"(요 15:4).

하나님의 충만하심이 예수님 안에 거하는데, 그 예수님이 우리의 집이 되신다. 우리 안에 거하심으로 그분은 우리도 그분 안에 거하게 해 주신다. 우리 자아의 내밀한 심연 속에 들어오심으로 그분은 우리에게도 그분과 하나님의 친밀함 속에 들어갈 기회를 주신다. 우리를 자신의 참 거주지로 택하심으로써 그분은 우리도 그분을 참 거주지로 택하도록 초대하신다.

우리는 의문이 들 수 있다. 사랑의 집에 산다는 것이 가능한 일인가? 아니면 우리는 두려움 속에 사는 데 너무 익숙해져서 "두려워하지 마라"라고 말씀하시는 음성에 귀가 먹었는가?

❊ 두려워하지 마라

그 음성을 들을 줄 알아야 하는 사람은 우리만이 아니다. 신약 성경 도처에 "두려워하지 마라!"라는 소리가 울려 퍼진다. 천사들은 나타날 때마다 "두려워하지 마라"라고 말한다. 사가랴도 그 말을 들었다. 주의 천사 가브리엘이 성전에서 그에게 나타나 그의 아내 엘리사벳이 아들을 낳으리라고 말할 때였다. 마리아도 그 음성을 들었다. 동일한 천사가 나사렛에 사는 마리아의 집에 들어와 그녀가 잉태하여 아이를 낳을 것인데 이름을 예수라 하라고 고지할 때였다.

예수님은 삶과 사역을 통하여 제자들에게 두려움에 져서는 안 된다고 가르치셨다. 제자들이 호수에서 큰 풍랑으로 두려워할 때 예수님은 배 안에서 주무시고 계셨다! 첫 제자들처럼 우리도 두려움에 압도될 때마다 그분을 깨우며 "주여 구원하소서 우리가 죽겠나이다"(마 8:25)라고 말하고 싶어진다. 그분은 말씀하신다. "어찌하여 무서워하느냐 믿음이 작은 자들아"(마 8:26). 그러고는 바람과 바다를 꾸짖어 다시 잔잔하게 해 주신다(마 8:23-27 참조).

무덤에 갔다가 돌이 굴려진 것을 본 여인들도 그 음성을 들었다. "두려워하지 마라. 두려워하지 마라. 두려워하지 마라."

주님께서 부활하신 후 다락방의 제자들에게 나타나셨을 때 하신 말씀도 그것이다. "무서워하지 마라"(마 28:10).

"나는 사랑의 주다. 너희에게 권하노니 받으라. 기쁨과 평안과 감사의 선물을 받으라. 두려움을 버리라. 그러면 그토록 두려워 내려놓지 못하던 것들을 이제부터 나눌 수 있다."

그리스도는 두려움의 집에서 나와 사랑의 집으로 입주하라고 초대하신다. 감옥에서 나와 자유의 터로 움직이라는 명령이다. "나에게 오라. 내 집, 사랑의 집에 들어 오라."

"두려워하지 마라, 두려워하지 마라." 거듭 되풀이하며 우리를 안심시키는 이 음성이야말로 우리가 가장 들어야.할 음성이다. 천사든 성도든 그리스도 자신이든, 고금을 막론하고 "두려워하지 마라"라는 이 음성은 하나님의 사자의 음성이다. 사랑의 집인 주님의 집에서 살아가는 전혀 새로운 존재 양식을 알리는 음성이다.

예수님은 인생길을 함께 걸으시면서 우리에게 사랑의 집으로 돌아가는 법을 가르치신다. 이 가르침을 굳게 붙잡기란 결코 쉽지 않다. 불가능한 일, 높은 장벽, 거센 파도, 사나운 바람, 성난 풍랑을 보며 겁을 내는 것이 우리 몸에 뱄기 때문이다. 우리는 자꾸만 이렇게 말한다. "예, 하지만 보십시오!"

예수님은 아주 인내심이 많은 스승이시다. 우리의 참된 집이 어디이고, 무엇을 바라보아야 하고, 어떻게 살아야 하는지 그분은 지칠 줄 모르고 일러 주신다. 마음이 산만해지면 우리는 그동안 들었던 말씀을 잊어버리고 온갖 위험에 정신이 팔린다. 그러나 예수님은 거듭 말씀하신다. "내 안에 거하라 나도 너희 안에 거하리라 …… 그가 내 안에, 내가 그 안에 거하면 사람이 열매를 많이 맺나니 …… 내가 이것을 너희에게 이름은 내 기쁨이 너희 안에 있어 너희 기쁨을 충만하게 하려 함이라"(요 15:4-5,11).

예수님은 그분의 사랑의 집에 살자고 우리를 초대하신다.

기도는 두려움의 집에서 나와 사랑의 집으로 들어가는 길이다. 기도를 통하여 우리는 삶의 기초를 대인관계에만 두는 데서 오는 두려움을 극복할 수 있다. 우리가 흔히 하는 생각은 다음과 같다. "저 사람은 나를 어떻게 생각할까? 누가 내 친구이고 누가 내 적인가? 내가 좋아하는 사람은 누구이고 싫어하는 사람은 누구인가? 나에게 상을 주는 사람은 누구이고 벌을 주는 사람은 누구인가? 나를 좋게 말하는 사람은 누구이고 그렇지 않은 사람은 누구인가?"

우리는 남과 구별되는 나만의 정체성 문제로 고민한다. 우리의 정체감이 남들이 나를 어떻게 생각하고 어떻게 말하고 나에게 어떻게 반응하는가에 달려 있는 한, 우리는 대인관계와 인연의 포로가 되고 말 것이다. 정체감을 찾으려고 악착같이 서로에게 매달려서 더 이상 자유롭지 못하고 두려움에 차게 된다.

기도는 두려움에 찬 세상에서 불안 대신 사랑을 선택하고, 마음 문을 열어 우리를 사랑하시는 분의 친밀한 임재 안에 거하는 방법이다. 외부 상황이 어떻든 간에 우리는 하나님과 교제하며 사랑에 에워싸여 산다. 그 사실을 깊은 영적 차원에서 깨닫기 시작하면, 우리 생각 언저리에 도사리고 있는 두려움을 내려놓을 수 있다. 안팎으로 두려움, 불안, 염려, 집착을 경험하지 않는 날은 우리 인생에 거의 하루도 없다. 하지만 두려움 속에 살 필요가 없다. 사랑은 두려움보다 강하다. "사랑 안에 두려움이 없고 온전한 사랑이 두려움을 내쫓나니"(요일 4:18).

사랑의 집에 거한다는 의미를 1410년 안드레이 루블료프가 러시아의 위대한 성인 세르기우스를 추모하여 그린 〈구약성서 삼위일체〉보다 더 아름답게 표현해 낸 것을 여태 나는 보지 못했다. 그간 이 성화는 나에게 사랑의 집을 들여다보게 해 주는 요긴한 창이 되었다. 배후 이야기를 들으면 창이 더 활짝 열린다(185쪽 그림 참조).

오래전 러시아의 어느 작은 마을이 잦은 습격에 시달렸다. 수도원의 수사들은 사방에서 벌어지는 온갖 무력 충돌 때문에 불안해서 더 이상 기도에 집중할 수 없었다. 수도원장은 화가 루블료프를 불러, 긴장과 불안과 소요 속에서도 수사들이 기도를 지속하는 데 도움이 될 성화를 그리게 했다.

루블료프는 창세기에 세 천사가 아브라함을 찾아와 환대의 식탁에 둘러앉았던 일을 바탕으로 그림을 그렸다. 그림을 보면, 가운데 인물은 왼쪽 인물 쪽으로 몸을 기울이며 두 손가락으로 성배를 가리키고, 왼쪽 인물은 감사 기도를 한다. 세 번째인 오른쪽 인물은 식탁 앞쪽의 직사각형 모양으로 뚫린 곳을 가리키며, 거기로 들어가 영적 활동에 동참하라고 보는 이들을 초대한다. 세 인물은 함께 완벽한 비율의 몸짓으로 신비로운 공동체를 이룬다.

수사들은 이 성화를 보면서 그 환대와 사랑과 친밀함의 공동체에 집중했다. 더는 두려워할 필요가 없었다. 그들은 세 천사가 이룬 공동체의 일원이 되어 그 안전한 사랑의 반경으로 끌려들어 갔다. 그리하여 수사들은 낙심하지 않고 기도할 수 있었다.

이 성화는 나에게 증오와 두려움에 찬 세상의 아픔에 철저히 동참하면서도 하나님의 삶의 신비 속으로 더 깊이 들어가는 길이 되었다. 그림 속의 그 조그만 문은 나를 하나님이 거하시는 친밀함과 환대와 영접의 자리로 인도한다. 거기에 집중하면 두려움은 어느새 사라진다.

❀ 사랑은 두려움보다 강하다

두려움을 내려놓고 내 정체에 대한 근본 진리를 주장하는 것, 그것이 우리 앞에 놓인 도전이다. 하나님의 사랑받는 자녀라는 당신의 참 정체를 망각하면 삶의 길을 잃는다. 당신은 두려워서 매사를 자유가 아니라 두려움 때문에 하게 된다. 하지만 삶 속에 하나님의 자리를 내고 하나님의 사랑의 음성을 들으면, 그때부터 문득 온전한 사랑을 깨닫게 된다. 당신은 그것을 주장할 수 있고, 점차 두려움을 내려놓을 수 있다.

내일 또 두려움이 찾아올 수 있지만, 그래도 다시 두려움에서 사랑으로 돌아갈 수 있다. 두려움을 느낄 때마다 당신은 하나님의 임재에 마음을 열고, 하나님의 음성을 다시 듣고, 온전한 사랑으로 돌아갈 수 있다. 그 사랑이 두려움을 내쫓고 더 큰 자유를 불러들인다.

그렇다. 어두운 세력에 속하지 않고, 거처를 그 속에 짓지 않고, 대신 사랑의 집을 우리의 참된 집으로 선택하는 것은 가능한 일이다. 이는 단번의 선택으로 끝나는 게 아니고 계속 의지적으로 영적인 삶을 살아야 한다. 항상 기도하고, 거룩한 독서를 실천하고, 매 순간 하나님의 호흡으로 호흡해야 한다.

이런 영적 연습 및 기타 훈련들은 우리가 사랑받는 존재임을 상기시켜 준다. 고전적인 훈련들로는 손대접, 영적 우정, 관상 기도, 공동체의 용서, 삶의 축제 등이 있다. 꾸준한 영적 연습을 통하여 우리는 점차 두려움의 집에서 사랑의 집으로 이행한다.[3] 그리하여 우리도 시편 기자의 고백대로 "여호와의 집에 영원히 살"(시 23:6)게 된다.

❀ 날마다 사랑의 집에 거하기

두려움의 집에서 사랑의 집으로 옮겨 가는 건 우리 개개인에게만 아니라 인류의 생존을 위해서도 꼭 필요하다. 우리가 계속 테러에 대한 두려움, 사회주의에 대한 두려움, 더는 세계 최강의 부국이 못 될 것에 대한 두려움, 기타 많은 소소한 두려움에 초점을 맞추어 더 많은 시간과 돈과 에너지를 들여 더 무서운 무기를 만드는 일을 정당화한다면, 지구는 우리 대(代)를 넘어 살아남을 가망이 별로 없다.

우리는 죽음을 동경하고 죽음으로 위협하는 자리에서 벗어나 반드시 국제적 화해와 협력과 보호로 가는 길을 국가적으로 모색해야 한다. 평화의 사관학교들, 평화의 부처(部處)들, 평화유지군들이 필요하다. 평화를 주 관심사로 삼도록 교육 개혁, 교회 개혁, 시장 개혁이 필요하다. 자본주의와 사회주의를 넘어 평화와 정의를 목표로 삼는 경제 질서를 세워야 한다. 국가들은 새로운 국제 질서가 가능함을 그리고 국가들이나 블록들 간의 경쟁이 중세 도시들 간의 경쟁만큼이나 시대에 뒤떨어진 일임을 깨달아야 한다.

복음의 요구 사항들이 개인의 행동만 아니라 국가의 행동까지 이끌어 가는 그런 깊이 있는 영성을 우리는 기를 수 있을까? 두려움에서 사랑으로, 죽음에서 생명으로, 침체에서 갱생으로, 경쟁하는 삶에서 한 인류 가족에 속한 하나님 백성의 삶으로 가는 집단적 움직임은 가능한 일일까?

이런 원대한 비전을 고지식하다고 여길 사람들이 많다. 그들은 예수님의 가르침을 개인생활과 가정생활에는 즐거이 받아들이지만,

동일한 가르침인데도 국제 문제에 관한 한 비현실적이고 이상적이라고 치부해 버린다. 하지만 예수님은 사도들을 보내실 때 개인들만 아니라 모든 나라(민족)들을 제자로 삼아 그 나라들에게 그분의 계명을 가르쳐 지키게 하라고 하셨다(마 28:19-20 참조). 마지막 날 예수님은 바로 그 나라들을 보좌 앞에 불러 이런 중대한 질문을 던지실 것이다. "내 형제 중에 지극히 작은 자에게 너희는 무엇을 하였느냐?" (마 25:31-46 참조).

제자도는 개인의 경건이나 공동체의 충성을 훨씬 넘어선다. 개인들만 아니라 나라들 전체가 의심과 미움과 전쟁이 지배하는 두려움의 집을 떠나 화해와 치유와 평화가 다스릴 수 있는 사랑의 집에 들어가도록 부름 받았다.

성 베네딕트에서 시에나의 성 캐서린, 마틴 루터 킹 주니어, 토머스 머튼에 이르기까지 위대한 영성 지도자들은 모두 이 진리를 알았다. 새롭게 하는 하나님 말씀의 능력을 사생활과 대인관계의 안전한 테두리 안에 가둘 수 없다는 진리를 말이다. 그들은 새 예루살렘, 새 땅, 새 지구촌 공동체를 부르짖었다.

하나님의 친밀함과 환대의 공동체에 담대히 합류하는 사람들은 우리 시대의 새로운 성인들이다. 그들은 옛것의 잔해로부터 태동하는 새 질서를 희미하게나마 제시한다. 세상은 새로운 성인들을 기다린다. 그들은 전쟁이 없고 정의가 다스리는 세상, 옛 질서가 사라진 새로운 세상을 마음껏 꿈꾸고 창출할 만큼, 하나님의 사랑에 깊이 뿌리박은 예언자적인 사람들이다. 잠깐 두려움을 벗어난 순간만이 아

니라 영원히 온전하고 자유롭게 사랑 안에 거할 그날을 우리는 사모한다.[4]

주님의 집은 만인을 위한 사랑의 집이다. 사랑의 집에는 안전과 친밀함과 환대의 공동체가 있다. 우리는 사랑의 집에 살 때 정의를 시행하며 사역에 열매를 맺고 화평을 이룰 수 있다. 거기서 우리는 두려움 없이 자유로이 존재하고 기동하고 신뢰하고 사랑한다.

깊이 들어가기
영성 계발을 위한 훈련 노트 5

세상은 위험한 곳이다. 우리는 우리를 파괴하려고 혈안이 되어 있는 사람들에게 에워싸여 있다. 당신은 적에게 점령당한 영토에 살고 있을 수 있다. 아니면 너무 많은 변화와 세상에 벌어지는 모든 일이 두려울지 모른다.

이 시대의 어둠을 주관하는 "통치자들과 권세들"(엡 6:12)이 우리 사회 구조 속에 속속들이 침투하여, 평화와 정의를 실현하는 것이 불가능해 보일 수 있다. 그리고 싶지 않지만 우리는 길거리에서 만나는 사람들을 무서워한다. 자동차나 집은 꼭꼭 걸어 잠근다. 부모, 자녀, 친구에게 혼자 밤에 길거리에 나다니지 말라고 경고한다. 이런 세상에서 우리는 어떻게 두려움에서 사랑으로 움직여 갈 것인가?[5]

❖ **묵상과 일기**

다음은 개인 묵상이나 소그룹 토의를 위한 몇 가지 간단한 질문들이다.

1 오늘 당신을 두렵고 불안하게 하는 것은 무엇인가?

2 당신은 무엇이나 누가 가장 두려운가?

3 결핍의 두려움 때문에 당신이 쌓아 두거나 집착하는 것은 무엇인가?

4 당신이 가장 안전하게 느꼈던 때는 언제인가? 어떤 상황이었는가?

5 오늘 하나님은 어떻게 당신에게 사랑과 보호를 베풀어 주셨는가?

6 "온전한 사랑이 두려움을 내쫓나니"(요일 4:18). 이 구절은 당신에게 어떤 의미가 있는가?

❖ **거룩한 독서**

1 시간을 충분히 내서 관찰 기도를 드리라.[6] 루블료프의 〈구약성서 삼위일체〉를 찬찬히 잘 들여다보라(185쪽 그림 참조). 헨리 나우웬이 이 성화에 대하여 「주님의 아름다우심을 우러러」에 쓴 글을 읽어 보라.

"이 성화 앞에 앉아 기도하면, 거룩하신 삼위와 함께 식탁에 둘러앉아 그분들 사이에 진행 중인 친밀한 대화에 동참하라는 부드러운 초대를 경험한다. 성자를 향한 성부의 몸짓과 성부를 향해 있는 성자, 성령의 몸짓이 기도하는 사람을 들어 올려 품에 꼭 안아 주는 몸짓이 된다."[7]

그림 속의 세 인물이 만들어 내는 친밀한 공동체를 눈으로 쭉 더듬어 보라. 그런 다음, 식탁 앞쪽의 조그만 직사각형 모양의 문에 시선을 고정시키라. 이따금씩 성화에서 눈을 떼어 아래 구절 중 하나로 소리 내어 기도하라. 도로 성화로 시선을 옮기라. 친밀한 공동체 안으로 다시 들어가라.

2 다음 성경 구절 중에서 하나를 골라 그 말씀에 기도하는 마음으로 집중하라.

- 하나님은 우리의 피난처시요 힘이시니 환난 중에 만날 큰 도움이시라(시 46:1).

- 여호와여 그러하여도 나는 주께 의지하고 말하기를 주는 내 하나님이시라 하였나이다(시 31:14).

- 그는 우리의 하나님이시요 우리는 그가 기르시는 백성이며(시 95:7).

- 내가 확신하노니 사망이나 생명이나 천사들이나 권세자들이나 현재 일이나 장래 일이나 능력이나 높음이나 깊음이나 다른 어떤 피조물이라도 우리를 우리 주 그리스도 예수 안에 있는 하나님의 사랑에서 끊을 수 없으리라(롬 8:38-39).

- 내 평생에 선하심과 인자하심이 반드시 나를 따르리니 내가 여호와의 집에 영원히 살리로다(시 23:6).

3 기도 시간을 마칠 때는 다음 시편을 반복해서 소리 내어 읽으라.

> 내가 여호와께 바라는 한 가지 일
> 그것을 구하리니
> 곧 내가 내 평생에
> 여호와의 집에 살면서……
> 여호와께서 환난 날에 나를
> 그의 초막 속에 비밀히 지키시고
> 그의 장막 은밀한 곳에 나를 숨기시며
> 높은 바위 위에 두시리로다
> 이제 내 머리가 나를 둘러싼
> 내 원수 위에 들리리니
> 내가 그의 장막에서
> 즐거운 제사를 드리겠고(시 27:4-6).

Part 3

SPIRITUAL FORMATION

following the movements of the spirit

모든 것을
품는
영성 훈련

Spiritual formation

6 배척에서 포옹으로

고독한 기도처럼 진정한 공동체도 하나의 마음의 자질이다. 하나님과의 교제로부터 공동체가 시작되어야만 제대로 된 공동체적 삶이 가능해진다. 이 신앙 공동체는 모든 사람을 포용한다. 우리가 보기에 속하지 않는다고 생각되는 사람들까지도 예외가 아니다. 하나님은 나 혼자만의 하나님이 아니다.

어느 날 자잘한 물건을 팔러 시내로 가던 사막의 교부 아가톤이 길가에서 두 다리가 마비된 지체부자유자 남자를 만났다. 그가 어디를 가느냐고 묻기에 아가톤 교부는 "물건을 팔러 시내에 갑니다"라고 대답했다. 남자는 "나도 데려가 주시오"라고 부탁했다. 그래서 아가톤은 그를 업고 시내로 갔다. 장애가 있는 남자는 아가톤에게 "당신이 물건을 파는 곳에 나를 내려 주시오"라고 말했다. 그는 그렇게 해 주었다. 물건 하나가 팔리자 남자가 "얼마에 팔았소?"라고 묻기에 아가톤은 값을 말해 주었다.

장애가 있는 남자가 "나한테 빵을 사 주시오"라고 해서 그는 빵을 사 주었다. 아가톤 교부가 두 번째 물건을 팔자 이번에도 그 남자는 "얼마에 팔았소?"라고 물었고 그는 값을 말했다. 그러자 남자가 "나한테 이것을 사 주시오"라고 해서 아가톤은 사 주었다. 물건이 다 팔려 아가톤은 떠날 채비를 했다. 남자가 "돌아가시오?"라고 묻기에 아가톤은 "예"라고 대답했다. 그러자 남자가 "부탁이니 나를 원래 있던 자리로 도로 데려다 주시오"라고 말했다. 아가톤은 다시 그를 들쳐 업고 그 자리로 데려다 주었다. 그때 장애가 있는 남자가 말했다.

"아가톤, 당신은 하늘에서도 땅에서도 하나님의 복으로 충만하오."

아가톤이 눈을 들어 보니 그 사람은 온데 간데 없었다. 장애가 있는 그 남자는 주님의 천사였다.[1]

연합하도록 부르시는 하나님의 음성은 언제나 우리를 배척에서 포용으로 움직이게 하여 더 큰 신비와 공동체를 품게 한다. 배타적 공동체에서 포용적 공동체로 이행하려면 그리스도의 몸 안에 철저한 손대접, 영적 친밀함, 열린 성찬식이 필요하다.

❈ 진정한 손대접

히브리서 기자는 "이로써 부지중에 천사들을 대접한 이들이 있었느니라"(히 13:2)라며 나그네를 대접하라고 우리에게 권한다. 흔히, 우리가 생각하는 의로운 사람에 해당되지 않거나 우리가 기대하는 선한 행동을 하지 않는 사람들을 사랑하고 포용하기란 어렵다.

아가톤과 한 하반신 마비 장애인의 이야기가 처음에는 내 심기에 거슬렸다. 이는 장애인이 자신의 처지를 빌미로 순수한 수사를 조종하고 이용하는 것을 확실히 보여 준다. 사역자들이 남들의 이기심에 피해자가 되지 않도록 교육을 받아야 한다는 증거이기도 하다. 나만 하더라도, 내 약점을 알고 주저 없이 그것을 이용하는 온갖 부류의 걸인들에게 속은 적이 얼마나 많았던가. 정말 섬기고자 한다면 이웃을 섬기는 것과 이웃에게 이용당하는 것의 차이를 배우는 게 좋다. 인간의 동기와 욕구 분야를 조금이라도 공부하는 게 필요하다.

그러나 아가톤 교부의 생각은 그렇지 않다. 그에게는 무슨 거창한 계획이나 프로젝트가 없다. 가난한 자나 장애인을 돕는다는 생각도 없다. 그냥 자잘한 물건을 팔러 시장에 간다. 아마도 수도원 방에서 직접 짠 바구니 따위였을 것이다. 그는 힘이나 권세가 없는 사람이다. 그래서 근심걱정도 없고 잃을 것도 별로 없다. 다리가 불편한 한 남자를 만난 그는 판단이나 기대 없이 그냥 해 달라는 대로 해 준다. 상대에게 시간을 내 주고, 달갑지 않았을 상황으로 이끌려 간다(속아서 갔다고 할 사람들도 있으리라).

우리 대부분은 궁핍한 사람들과 남의 필요를 채워 줄 능력이 되는 사람들을 구분하기 좋아한다. 아가톤의 행동은 긍휼과 공동체의 참 본질을 보여 준다. 우리 마음이 편견과 염려와 두려움으로 차 있으면 나그네를 받아들일 자리는 별로 없다.

진정한 손대접은 철저한 개방적 자세를 요하며, 폭넓은 인간 경험이 들어설 자리를 열어 둔다. 진정한 사역자들은 시간과 환대를 선물로 내 주는 무력한 종들이다. 진정한 사역이란 무력함으로 연대를 이룬 대등한 존재들의 공동체에서 남과 '함께 고통당하는' 것이다.

아가톤은 도중에 일이 터지는 대로 끌려 다닌 수동적 방랑자가 아니라 능동적으로 신성한 소명을 따른 신앙의 사람이었다. 방향 없이 간 것이 아니라 주님의 인도를 받았다. 여기서 우리는 사역의 신비와 아울러 아가톤이 "당신은 하늘에서도 땅에서도 하나님의 복으로 충만하오"라는 말로 칭찬을 들은 이유를 보게 된다.

❊ 우리는 다 같은 인간이다

아가톤과 달리 나는 내 참 소명을 분간하고 집이라 할 만한 곳을 찾느라고 오랜 세월 여러 대학, 수도원, 선교회를 정처 없이 방황했다. 라르쉬²의 설립자 장 바니에를 만났을 때 그는 나를 대번에 꿰뚫어 보았다. 그는 내가 별로 행복하지 못하고 오히려 불안하고 초조하며, 아직 뭔가를 찾고 있다는 것을 간파했다. "어쩌면 우리 공동체 사람들이 당신의 집이 되어 줄지도 모르겠습니다."

그 말을 듣는 데 나는 꽤 시간이 걸렸다. 드디어 1986년, 나는 학계를 떠나 캐나다 라르쉬 데이브레이크(L'Arche Daybreak)에 들어갔다. 그 뒤로 내 삶은 이전과는 무섭게 달라졌다. 교회와 공동체에 대한 내 모든 선입견, 누가 안에 속한 자이고 누가 바깥에 있는 자인가에 대한 전통적 이해를 버려야 했다. 오랫동안 품었던 나 자신의 생각과 판단도 비워야 했다. 하지만 그 보상으로, 깊은 기쁨과 새로운 목적이 있는 집을 얻었다.

데이브레이크에서 나는 아담을 만났다. 그는 중증 신체장애와 정서장애가 있는 사람이었지만 내가 하나님이 거하시는 곳으로 들어갈 수 있도록 문을 열어 준 사람이기도 하다. 아담과 친구가 되어 그를 보살피면서 나에게 하나님의 이런 음성이 들렸다. "가난한 자는 복이 있나니."

가난한 자를 돕는 자가 아니라 가난한 자가 복이 있다고 말씀하셨다. "헨리야, 내가 너와도 함께 살 수 있도록 너는 기꺼이 가난해지겠느냐?"

아담은 나에게 공동체란 연약한 자들의 교제를 중심으로 이루어진다는 걸 가르쳐 주었다. 아담은 자기 몸 하나도 가누지 못하는 사람이었다. 말도 못하고, 일도 못하고, 혼자 먹지도 못하고, 트랙터를 몰 줄도 몰랐다. 다섯 명의 공동체 식구와 다섯 명의 도우미로 이루어진 한 집에서 나는 아담의 도우미로 그와 함께 살았다. 바깥에서 보면, 도우미들이 강하고 능력이 있고, 장애를 지닌 공동체 식구들은 연약하고 무력하다. 하지만 안에서 보면, 강한 사람은 아담이었다. 아담 덕분에 우리는 공동체를 이루고, 서로 깊이 사랑하고, 서로의 별난 점들을 용서할 수 있었다. 아담의 부족함 때문에 우리는 자신의 부족함을 직시하게 되었다. 우리는 함께 환대와 연대를 절절하게 실천하며, 서로에게 자신을 다 내 주는 연약한 자들의 공동체를 이루었다.

젊은 날의 나에게 공동체란 안전하고 친숙한 소속의 터를 뜻했고, 나와 같지 않은 사람들은 그 안에 아예 존재하지 않았다. 나에게는 우리와 저들 사이의 선이 분명했다. 저들은 비신자나 이혼한 사람이나 동성애자였다. 반면에 우리는 올바른 가르침을 믿고 도덕적인 삶을 살았으므로 훌륭한 사람들이었다. 내 가족, 내 공동체, 내 신학교, 내 교회는 아주 안전하게 느껴졌다. 틀과 기대가 너무도 명확히 규정되어 있었기 때문이다.

예일과 하버드에서 가르치는 동안 점차 내 벽이 (방어와 함께) 허물어졌다. 하나님이 내 개념보다 크시며 영적 공동체가 내 선입견보다 넓다는 것을 나는 학생들에게 배웠다. 라르쉬에 도착해서는 내 세계관 전체가 와르르 무너져 내렸다.³ 경계선이 밀려나고 담이 허물어지는 것은 무서운 일이다. 어떻게 교회 안에 있는 사람보다 교회 밖에 있는 사람이 더 믿음이 좋고, 외부인이 내부인보다 더 지혜로울 수 있는가? 어떻게 자원이 없는 사람들이 뭔가 값진 것을 나눌 수 있단 말인가? 신앙인과 세속인의 차이가 내가 생각했던 그런 차이가 아니며, 차이의 이면에 더 깊은 연합이 있음을 나는 서서히 깨닫게 되었다.

시간이 가면서 나는 공동체를 보는 관점이 바뀌었고 그에 따라 세계관도 재정립했다. 공동체란 용서와 축하의 장이며 차이점보다 비슷한 점이 더 많은 곳이다. 알고 보니, 장애가 있는 사람들과 이런저런 능력이 있는 사람들의 차이는 더 이상 존재하지 않았고, 나 자신도 여러 가지 장애가 있기에 신체장애와 지능장애가 있는 사람들을 사랑할 수 있었다. 고통 중에 있는 사람들이 신기하게 나의 고통을 보여 주었다. 그래서 나는 그들과 친해질 수 있었다.

더 이상 나 자신을 남들과 비교하며, 알량한 공적을 쌓거나 돋보일 필요가 없었다. 위대한 영적 소명은 남들과 달라지는 것이 아니라 남들과 동일한 실체와 존재가 되는 것, 남들과 하나가 되는 것임을 나는 드디어 깨달았다. 조금이라도 튀어 보일까 싶어 삶의 주변부를 헤매고 다니는 것이 아니라 중심부로 들어가는 것이 나의 소명이다. 거기서 모든 인간과 연대하게 된다.

토머스 머튼은 1958년 3월 19일 켄터키 주 루이빌의 4번가와 월넛 가 모퉁이에서 그것을 깨달았다. 그리고 일기장에 이렇게 썼다.

"내가 모든 사람을 사랑한다는 것과 누구도 나에게 완전히 남이 아니며 그럴 수도 없다는 것을 퍼뜩 깨달았다. 꼭 꿈에서 깨어난 기분이었다. 분리의 꿈, 남들과 다른 '특별한' 직업의 꿈에서. 직업 때문에 내가 남들과 달라지거나 특별한 부류에 드는 것은 아니다. 그것은 기껏해야 인위적인 구분일 뿐이다. …… 나는 여전히 인류의 일원이다. 이보다 더 영광스러운 운명이 있을까. 말씀이신 그분도 육신을 입고 인류의 일원이 되시지 않았던가!"[4]

머튼이 인간들의 '허구적 차이'에서 해방된 경험은 계시이자 안도였다. 그래서 머튼은 이렇게 말했다. "어찌나 기쁘던지 하마터면 너털웃음이 터져 나올 뻔했다. 그 기쁨을 이런 말로 표현할 수 있을 것 같다. '내가 남들과 같다니, 한 인간일 뿐이라니, 얼마나 다행이고 또 다행인가. …… 인류의 일원이 된다는 것은 영광스러운 운명이다.'"[5]

온 인류와 연대감을 느끼는 그 잠깐의 경험으로 우리도 사역자와 평신도, 돌보는 사람과 돌봄을 받는 사람, 도움이 필요한 사람과 돕는 사람, 남자와 여자, 젊은이와 노인, 기혼자와 독신자, 백인과 유색인 등 수많은 담과 경계선이 허물어지는 것을 목격할 수 있다. 우리는 '나는 저 사람이나 저들 같지 않다. 나는 그 이상이고 더 낫다. 나는 남들과 다르다'는 식으로 사람들을 비교하고 판단할 필요가 없다. 사실 더 깊은 차원에서 우리는 다 같은 인간이다. 하나님의 무조건적인 사랑이 있고 우리 자신이 사랑받는 존재이기에, 우리 마음이 한없이 넓어지는 것을 경험할 수 있다. 마음의 공동체에서는 아무도 배척당하지 않는다. 우리는 "인간의 어떤 면도 나에게 낯설지 않은"[6]

동일한 영적 가족에 속해 있다.

❧ 공동체의 영적 친밀함

기독교에는 놀라운 교리가 있다. 성육신이라는 유서 깊고 확고한 근본 신앙이다. 요한복음에 보면 "태초에 말씀이 계시니라 이 말씀이 하나님과 함께 계셨으니 이 말씀은 곧 하나님이시니라 …… 말씀이 육신이 되어 우리 가운데 거하시매"(요 1:1,14)라고 기록되어 있다. 바울은 "그 안에는 신성의 모든 충만이 육체로 거하시고 너희도 그 안에서 충만하여졌으니 그는 모든 통치자와 권세의 머리시라"(골 2:9-10)라고 했다. 영원하신 하나님이 인간의 몸을 입고 아기 예수로 오셨고, 하나님의 영이 오늘도 그리스도의 몸인 우리 안에 계신다. 인간의 몸과 '그리스도의 몸'이라는 친밀한 영적 공동체가 하나님이 즐거이 거하시는 곳이다. 그 진리가 성육신의 신비를 통하여 계시된다(골 1:19 참조).

진정한 영적 삶은 육화된 삶이다. 성육신을 통하여 그리스도는 자신을 비워 인간이 되셨다(빌 2장 참조). 하나님이 우리 중 하나가 되기로 하셨으므로 그분의 생명은 더 이상 몸 바깥에 있지 않다. 그래서 바울은 "너희 몸은 너희가 하나님께로부터 받은 바 너희 가운데 계신 성령의 전인 줄을 알지 못하느냐 너희는 너희 자신의 것이 아니라 값으로 산 것이 되었으니 그런즉 너희 몸으로 하나님께 영광을 돌리라"(고전 6:19-20)라고 말한 것이다.

우리 몸이 성령의 전인 줄을 알게 되면 우리는 공동체로 함께 모여 새로운 차원의 신체적·영적 친밀함을 경험할 수 있다. 하나님은 늘 우리 가운데 계신다. 그리스도의 몸이 우리의 참된 집이다. 우리가 태어나기 오래전부터 하나님은 이미 우리를 보셨고 아셨고 사랑하셨고 그 손에 꼭 품으셨다.

지금 여기서 서로 만나기 전부터 우리는 하나님의 마음속에서 함께 맺어져 있었다. 우리가 서로 "네가 필요하다. 너를 사랑한다. 나를 잡아 주고 만져 주고 돌보아다오"라고 말하기 전부터 "너는 내 사랑하는 자요 내 기뻐하는 자다"라고 말씀하시는 음성이 있었다. 우리가 서로를 돌볼 줄 알기 전부터 창조주께서 우리를 돌보아 주셨다. 하나님은 말씀하신다. "여인이 어찌 그 젖 먹는 자식을 잊겠으며 자기 태에서 난 아들을 긍휼히 여기지 않겠느냐 그들은 혹시 잊을지라도 나는 너를 잊지 아니할 것이라 내가 너를 내 손바닥에 새겼고 너의 성벽[즉, 몸]이 항상 내 앞에 있나니"(사 49:15-16).

영원히 속해 있다는 그 사실 때문에 우리는 공동체 안에서 서로를 만난다. 그 본래의 친밀함 때문에 우리는 사랑과 애정을 표현한다. 하나님의 긍휼 때문에 우리는 돌봄을 베풀고 받는다. 영혼 못지않게 몸으로도 우리는 그 본래의 복된 자리를 되찾기 원하고, 하나님 품에 꼭 안겨서 안전을 느끼고 온전해지기 원한다.

육화는 우리의 불안한 몸과 영혼에 현실적 도전이 된다. 솔직히 나는 내 몸이 완전히 편하게 느껴지지 않았다. 나로서는 말하기 두려운 사실이다. 그리스도인이자 독신자인 나는 내 신념을 공유하지 않거나 내 헌신을 중시하지 않는 사람들을 만나면 반감이나 비판적인 마음이 들 때가 있다. 내가 사람들의 방식을 온전히 즐거워하려면 먼저 나 자신의 몸에 편해질 필요가 있었다. 내 몸이든 남의 몸이든 이제 나는 몸의 아름다움과 선함을 인정하는 일이 영적 활동이라고 믿는다. 하나님과 친밀해지려면 하나님이 즐거이 거하시는 내 몸과 친해져야 한다.

공동체는 나에게 새로운 자유를 주장하라고 도전한다. 신실한 영적 삶의 방식에 대하여 나와 생각이 다른 사람들을 사랑하고 수용하는 자유다. 나는 남을 비난하고 남과 비교하기보다는 남을 수용하고 인정하고 즐거워하는 쪽을 택할 수 있다. 나처럼 살지 않거나 내가 믿는 것을 믿지 않는 사람들을 피하기보다는 인격적이고 창의적이고 긍휼에 찬 방식으로 그들과 함께하는 법을 배울 수 있다. 내 영의 심지가 곧고 내 몸이 편안해지면, 비판적인 자세가 줄어든다.

만인을 포용하는 공동체관을 품는다는 것은 다른 사람들의 동기와 선택을 비판해서는 안 된다는 뜻이다. 예수님은 "비판을 받지 아니하려거든 비판하지 말라"(마 7:1)라고 하셨다. 초기의 사막 교부 요한은 수사들에게 "무거운 짐을 버리고 가벼운 짐을 지면 어떻겠느냐?"라고 말했다. 그러자 수사들은 어리둥절하여 "무엇이 무거운 짐이고 무엇이 가벼운 짐입니까?"라고 물었다. 요한은 "무거운 짐은 남을 비판하는 것이고, 가벼운 짐은 남의 비판을 받아들이는 것이다"[7]라고 대답했다.

다른 사람들을 비판하는 일은 무거운 짐인데 어째서 내려놓지 않는가? 다른 사람들의 비판을 받는 것은 비교적 가벼운 짐인데 어째서 그것 때문에 걱정하는가? 나는 종종 자신에게 이렇게 묻는다. '남을 비판하려는 마음이나 남의 비판에 지배당하려는 마음 자체가 나한테 더 이상 없다면 어떻게 될까?' 정말 아주 가뿐한 마음으로 이 땅을 걷게 되리라!

인간의 한없이 다양한 경험과 표현을 대하면서도 비판하지 않는 내면의 자리에 도달하는 것, 그것은 먼 신앙의 길이다. 비교해서 내 자리를 정하려는 끈질긴 욕구를 이겨 내고 단순히 내 모습으로 있으면 우리는 온전해질 수 있다. 마침내 그 짐을 내려놓는 것이야말로 인생의 가장 큰 기쁨과 자유다.

❀ 모든 사람을 껴안는 공동체

나에게 성찬식은 그리스도의 몸 안에서 하나님의 포용적 사랑을 기념하는 가장 가시적이고 물리적인 방법이다. 제자들에게 "이것은 너희를 위하는 내 몸이니"라고 말씀하실 때 예수님은 정말 문자적으로 자신의 물리적 죽음과 또한 우리의 육화된 영적 삶을 가리키신 것이다.

우리 자신의 살과 피, 즉 몸 안에서 우리는 우리 가운데 살아 계신 그리스도의 참 임재를 만난다. 우리는 함께 "주의 선하심을 맛보아 알게" 된다. 평범한 빵을 먹고 향긋한 포도주를 마시는 그 영적 행위를 통하여 우리는 성육신의 신비를 경험한다. 인간의 촉각, 먹고 마심, 심지어 춤 속에서 우리는 새로워진다. 우리 존재의 핵을 이루는 참 자아가 넓어지고 새로운 육적 힘과 영적 활기를 얻는다. 성찬식의 신비에 참여하는 동안 우리 존재의 본질 자체가 변화된다. 사랑의 공동체 안에서 함께 먹고 마실 때 우리는 실제로 그리스도의 몸이 된다.

많은 사람들에게 성찬식은 배제당하는 고통의 자리, 공허한 의식(儀式)의 자리가 되었다. 그러나 성찬식은 큰 영적 선물이요 기도와 치유의 물리적 장이다. 내가 잘 알고 싶고, 진정으로 기념하고 싶고, 많은 사람들을 불러들이고 싶은 것이 있다면 바로 말씀과 제물이신 예수님이 우리 가운데 가시화되는 이 참된 임재의 신비다.

예수님은 결코 빵과 포도주를 깨작거리고 홀짝이라고 말씀하지 않으셨다. 그분은 오히려 이렇게 말씀하셨다. "나를 몽땅 먹고 마지막 한 방울까지 다 마시라. 남김없이 전부 먹고 마시라. 나는 너희의 일부가 되고 싶다. 너희도 나의 일부가 되어라. 더 이상 분리되고 싶지 않다. 나는 너희 안에 살고 싶다. 그래서 너희가 먹고 마실 때 나는 사라진다. 너희 안에 있기 때문이다. 나는 너희 안에 거하고 싶다. 청하노니 너희도 내 안에 거주하라"(요 6:53-58 참조).

내 마음속에 계신 하나님의 임재를 알아보면 다른 사람들 마음속에 계신 그분의 임재도 알아볼 수 있다. 하나님이 나와 함께 거하시는 그곳에서 나는 모든 형제자매들을 만난다. 우리를 "사랑받는 자"라 부르시는 그분의 음성을 잘 들으면, 그 음성이 아무도 배제하지 않음을 알게 된다. 내 안에서 어둠만 보면 다른 사람들 안에서도 어둠밖에 볼 수 없다. 하지만 내 안에서 하나님의 빛을 보면 다른 사람들 안에서도 하나님의 빛을 볼 수 있다. 시편 기자의 고백대로, "주의 빛 안에서 우리가 빛을 보리이다"(시 36:9).

고독한 기도처럼 진정한 공동체도 하나의 마음의 자질이다. 하나님과의 교제로부터 공동체가 시작되어야만 제대로 된 공동체적 삶이 가능해진다. 이 신앙 공동체는 모든 사람을 포용한다. 우리가 보기에 속하지 않는다고 생각되는 사람들까지도 예외가 아니다. 배타적인 관점의 기독교 공동체에서 하나님의 인류 가족이라는 더 우주적이고 포용적인 관점으로 움직이는 것은 어려운 여정이며, 성숙하고 담대한 믿음을 요한다.

모든 나라의 왕이신 하나님은 나 혼자만의 하나님이 아니다. 내 내면의 성전에 거하시는 하나님은 각 사람의 내면의 성전에도 거하신다. 하나님과의 친밀감과 모든 인간에게 느끼는 연대감은 내주하시는 하나님의 임재의 양면이다. 이 두 실체는 결코 분리될 수 없다. 이 둘은 인간의 몸이라는 물리적 장에서 하나로 수렴되고, 성찬식으로 기념되는 그리스도의 몸 안에서 실현된다. 그러므로 우리는 공동체의 반경을 넓힐 수 있다.

깊이 들어가기
영성 계발을 위한 훈련 노트 6

❖ **묵상과 일기**

1 영성 계발은 개인 경건 연습이 아니라 공동체의 영성 훈련이다. 물론 개인적으로도 영성을 계발하지만 우리는 함께 하나님의 백성으로 빚어진다. 하나님과의 교제, 공동체, 함께하는 사역을 바퀴의 구성 요소들로 볼 수 있다. 헨리 나우웬이 「여기 지금 우리와 함께하시는 하나님」에서 묘사한 수레바퀴 은유를 잠시 묵상해 보라.

> 널찍한 테두리와 짱짱한 목재 바퀴살과 큰 중심축으로 이루어진 수레바퀴에 나는 늘 매료되었다. 바퀴는 내게 중심부에서 사는 삶의 중요성을 깨우쳐 준다. 바깥의 테두리를 따라가면 한 번에 한 바퀴살밖에 닿을 수 없지만, 중심축에 남아 있으면 한꺼번에 모든 바퀴살에 닿는다.[8]

2 당신의 신앙 공동체를 나타내는 원을 하나 그려 보라. 가족들, 친구들, 동료들, 중요한 관계들의 위치를 원 안이나 밖에 각각 표시해 보라. 누가 안에 속해 있고 누가 바깥에 있으며 그 이유는 무엇인지 생각해 보라.

3 원 안에 있는 사람들을 위하여 기도하라. 원 밖에 있는 사람들을 위해서도 기도하라.

4 당신은 공동체의 반경을 넓히기 위해 어떤 노력을 기울일 것인가?

❖ **거룩한 독서**

하나님의 사랑의 원 안에 있는 예수 그리스도의 십자가를 떠올릴 수 있는가?[9] (186쪽 〈변화산 상징〉(Allegory of the Transfiguration) 그림 참조)

본래 예수님의 십자가는 가로나 세로의 나무 길이가 같았다고 한다. 맞물린 두 나무 둘레로 완벽한 원을 그릴 수 있었다.[10] 가로대는 왼쪽으로 유대 민족을, 오른쪽으로 이방인을 가리킨다. 세로대는 위로 하나님을, 아래로 땅을 가리킨다. 이는 십자가의 신비이자 약속이다. 산 위에 박힌 십자형 나무에서 예수님은 모든 분극을 하나님의 크신 사랑의 원 안으로 모아들이셨다.

세월이 가면서 그리스도인들은 세로대를 점점 길게 했고, 언제부턴가 두 번째 가로대를 더 넣었다. 이제 같은 길이의 십자가를 되찾을 때가 되었다. 우리가 아무도 배제하지 않는 진정한 신앙 공동체가 될 수 있도록 말이다. 예수님은 시간과 공간의 경계선은 물론 인류를 갈라놓는 인종과 문화의 벽들을 허무셨다. 모든 사람에게 그분은 망가진 것을 구속(救贖)하시고 분열된 것을 화목하게 하시는 분이 되셨다. 성경에 보면 "아버지께서는 모든 충만으로 예수 안에 거하게 하시고 그의 십자가의 피로 화평을 이루사 만물 곧 땅에 있는 것들이나 하늘에 있는 것들이 그로 말미암아 자기와 화목하게 되기를 기뻐하심이라"(골 1:19-20)라고 했다. 그래서 예수님은 "내가 땅에서 들리면 모든 사람을 내게로 이끌겠노라"(요 12:32)라고 말씀하실 수 있었다.

❖ 거룩한 관찰

나는 영적 삶을 중심축과 테두리와 많은 바퀴살로 이루어진 큰 수레바퀴로 생각한다.[11] (187쪽 〈바퀴 그림〉(Wheel artwork) 참조). 가운데에 중심축이 있다. 거기는 하나님의 마음이자 기도의 자리다.

기도한다는 것은 곧 모든 삶과 사랑의 중심부로 옮겨 가는 것이다. 중심축은 내게 중심부에서 사는 삶의 중요성을 일깨워 준다. 사역할 때 우리는 바깥 테두리를 따라 뛰면서 모든 사람에게 닿으려고 할 때가 많다. 하지만 하나님은 말씀하신다. "중심축에서 시작하라. 중심축에서 살라. 그러면 모든 바퀴살과 연결될 테고, 그렇게 바삐 뛰어다니지 않아도 된다."

바로 그 중심축, 즉 하나님과의 교제 속에서 우리는 공동체로 부르시는 음성을 듣는다. 혼자 기도할 때 나는 내 마음속으로 들어가 거기서 하나님의 마음을 만나고, 그분은 내게 만인을 위한 사랑을 말씀하신다. 하나님께 더 가까이 갈수록 나는 인류 가족과도 더 가까워진다. 그리고 거기, 바로 그곳이 내 모든 형제자매들이 하나님과 교제하고 서로 만나는 곳임을 알게 된다.

고독은 언제나 우리를 공동체로 부른다. 공동체는 고독과 고독이 입 맞추는 곳이요 릴케의 말대로 "고독이 서로 인사하는"[12] 곳이다. 고독한 기도 중에 나는 내가 인류 가족의 일원이며 그 가족과 함께 있고 싶고 더불어 사역하고 싶다는 것을 알게 된다. 바퀴를 굴림으로써 나는 교제에서 공동체로, 다시 사역으로 움직인다.

Spiritual formation

7 죽음을 부정하는 것에서 죽음과 친구가 되는 것으로

가족이나 교회가 당신을 사랑했든 사랑하지 않았든, 당신에게 도움을 주었든 상처를 주었든, 그전부터 당신은 하나님께 온전히 사랑받았다. 당신이 온전히 사랑받는 이유는 당신이 영원히 하나님의 것이기 때문이다. 그것이 당신의 정체성에 대한 진리다. 그것이 당신이다.

모태 안에서 남녀 쌍둥이가 대화를 나누고 있었다. 여자아이가 남자아이에게 말했다. "난 출생 후의 삶이 있다고 믿어." 남자아이는 격렬히 반발했다. "아니, 이게 전부야. 여기가 아늑하고 좋아. 우린 밥줄인 탯줄에 매달려 있기만 하면 되잖아." 여자아이도 물러서지 않았다. "이 어두운 곳 이상의 뭔가가 있어야만 해. 뭔가 다른 것, 움직일 자유가 있는 밝은 곳이 있어야 한다구." 그래도 여자아이는 남자아이를 설득시킬 수 없었다.

얼마간 침묵이 흐른 뒤에 여자아이가 머뭇거리며 말했다. "할 말이 더 있어. 넌 이것도 믿지 않겠지만, 난 엄마가 있다고 생각해." 남자아이는 불같이 화를 내며 소리쳤다. "엄마라니! 그게 무슨 소리야? 난 엄마를 본 적이 없어. 너도 그렇잖아. 누가 네 머릿속에 그런 생각을 넣은 거지? 아까도 말했듯이 우리한텐 이곳이 전부야. 넌 왜 항상 그 이상을 원하니? 여기가 그다지 나쁜 데는 아니잖아. 필요한 건 다 있어. 그러니까 이걸로 만족하자."

여자아이는 남자아이의 반응에 너무 난감하여 한동안 차마 말을 잇지 못했다. 하지만 자신의 생각을 버릴 수 없었고 말상대가 따로 더 없었으므로 마침내 다시 입을 열었다. "가끔씩 이 안이 꽉 조여 오는 게 느껴지지 않아? 꽤 거북하고 어떤 때는 고통스럽기까지 하잖아." 남자아이가 대답했다. "그래, 그게 뭐 어쨌다는 거지?" 여자아이가 말했다. "난 이 조여 오는 것이 우리를 준비시키기 위해서라고 생각해. 여기보다 훨씬 아름다운 곳, 우리 엄마의 얼굴을 볼 수 있는 곳으로 갈 수 있도록 말이야. 넌 가슴이 설레지도 않니?"

남자아이는 대답하지 않았다. 여자아이의 바보 같은 소리에 질려버려서 그냥 무시하는 게 상책이라고 생각했던 것이다. 남자아이는 여자아이가 자기를 그냥 내버려 두기를 바랐다.[1]

교통사고, 비행기 추락, 돌이킬 수 없는 싸움, 전쟁, 홍수 등 죽음은 흔히 갑자기 온다. 건강하고 기운이 넘칠 때 우리는 죽음을 별로 생각하지 않는다. 그래도 죽음은 언제라도 찾아올 수 있다. 다행히 죽음을 준비할 수 있을 만큼의 시간과 의식이 충분한 경우라면, 많은 질문에 직면해야 한다. '나는 어떤 식으로 내 죽을 운명을 부정하는가?' '왜 이렇게 두려운가?' '못다 해결한 문제가 있는가?' '내게 상처준 사람들을 용서했는가?' '내 쪽에서 상처를 준 사람들에게 용서를 구했는가?'

내 삶에 관여된 모든 사람들과 화평하다면, 우리의 죽음이 슬픔을 불러일으킬망정 죄책감이나 분노를 느끼게 하지는 않을 것이다.

우리 어머니가 돌아가셨을 때 그런 물음들이 나에게 중요하게 다가왔다. 어머니가 돌아가신 지 6개월이 지나서였다. 애도하는 중에 나는 아버지에게 위로의 편지를 보내, 지금이 각자의 죽음을 직시할 좋은 기회인 것 같다고 말했다. 아버지에게 이렇게 쓴 기억이 난다. "병원에서 돌아가신 어머니의 고요한 얼굴을 본 뒤로 죽음이란 과연 무엇일까 하는 의문이 들었습니다. 어머니가 남겨 주신 물음이지요. 그것을 직시하고, 그 안에 들어가 살펴보고, 그것을 잘 준비하고 싶습니다. 그렇게 할 때 아버지와 저도 서로를 진정으로 위로할 수 있을 겁니다."[2]

어머니와 그 밖의 사람들의 죽음을 슬퍼하면서 내가 배운 것이 있다. 죽음의 위험이 조금이라도 닥치기 전에 미리 죽음을 직시하고, 의식·무의식의 에너지가 살아남으려는 사투에 들어가기 전에 미리 인간의 죽을 운명을 성찰하는 것이 중요하다는 사실이다. 불치병에 걸려서야 죽음을 생각하기 시작한다면, 그때의 생각들은 죽음이 임박했을 때 우리에게 필요한 힘을 주지 못할 것이다. 일찍이 독일의 신비주의자 야코프 뵈메가 말한 대로, "죽기 전에 미리 죽지 않는 자는 죽을 때 망한다."[3]

태중의 쌍둥이 이야기는 죽음을 새로운 관점에서 보게 해 준다. 당신은 마치 이생이 전부인 것처럼, 죽음이 허무맹랑한 것이라서 입에 올리지 않는 게 좋다는 듯 살아가는가? 아니면 의지적으로 자신이 하나님의 자녀임을 주장하며, 죽음이란 우리를 하나님과 대면하게 해 주는 힘들지만 복된 통과의례라고 믿는가? 언제라도 죽을 준비가 되어 있는 사람은 언제라도 살 준비 또한 되어 있다. 내 경우, 죽음을 준비하는 것에는 죽음과 친해지는 것, 내가 사랑받는 존재임을 주장하는 것, 다시 어린아이가 되는 것, 성도의 교통을 믿는 것이 포함된다.

❈ 자신의 죽음과 친해지라

나는 '죽음과 친해진다'는 표현이 좋다. 융(Jung) 계열 정신분석가 제임스 힐먼한테서 처음 들은 말인데, 그는 '친해짐'의 중요성을 강조했다. 자신의 꿈과 친해지고, 자신의 그림자와 친해지고, 자신의 무의식과 친해지라는 것이다. 인간다운 인간이 되려면 자신의 경험 전체를 수용해야 한다고 그는 설득력 있게 피력했다. 내 이야기의 밝은 면만 아니라 어두운 면까지 내 자아에 통합할 때 우리는 성숙에 이른다.[4]

나는 거기에 깊이 공감했다. 삶의 고통스러운 면을 회피하거나 부정하거나 억압하려는 나 자신 및 다른 사람들의 성향을 익히 알기 때문이다. 그 성향은 언제나 신체적·정신적·영적 재앙을 부른다. 죽음과 친해지는 건 다른 모든 형태의 친해짐의 기초가 아닐까 싶다. 죽기 전에 우리가 죽음을 부정하지 않고 죽음과 친구가 될 수 있다면, 죽음을 위협적인 원수가 아니라 낯익은 손님으로 대할 수 있다면, 두려움과 죄책감과 원망이 한결 더 없어질 것이다.

어떻게 죽음과 친해질 것인가

에이즈에 걸려 토론토의 한 병원에서 죽어가던 피터라는 청년을 방문했던 기억이 있다. 병이 급속히 진전되어 살아날 가망이 희박했다. 그는 선한 사람이었고, 영성에 관하여 가르치고 책도 쓴 교사로서 많은 학생들에게 사랑을 받았다. 피터는 하나님의 사랑을 깊이 믿고 자신의 소명을 충성스럽게 감당했던 사람이었다. 그런 그가 척

추암에 걸려 화학요법으로 머리털이 다 빠지고 야윈 모습으로 꼼짝도 못하고 있었다.

얀 라크 신부와 내가 그 자리에 있었는데 피터의 곁을 한 친구가 지키고 있었다. 그 친구가 피터에게 이야기하는 내용을 듣고 나는 내심 놀랐다. 피터의 친구는 힘주어 말했다. "우리는 싸울 거야! 너는 죽지 않아. 우린 이 싸움에 이길 거야. 죽음한테 승리를 내 주지 말자." 정말 그 친구는 대단해 보였다. 그는 죽음을 노려보는 전사처럼 말했다.

이어 나는 피터와 대화했는데 그의 목소리는 달랐다. 피터는 말했다. "왜 나한테 이런 일이 벌어진 겁니까? 하나님께 내 인생을 바쳤고 수많은 사람들에게 하나님의 사랑을 나눈 내가 젊은 나이에 이렇게 죽어 가다니, 받아들일 수 없습니다. 싫습니다. 지금까지 어떻게 버텨 왔는지도 모르겠습니다." 그의 목소리는 분노로 떨리고 있었다. 그는 고난을 거부했다. "하나님한테 화가 납니다. 따지겠습니다. 주먹을 쳐들고 말하겠습니다. 이건 아니라고!" 피터는 전사가 되기에는 너무 약했고, 불안했고, 고통이 심했다. 하지만 그는 사실상 이렇게 부르짖었다. "이 잔을 내게서 지나가게 해 주십시오. 난 이게 싫습니다. 끔찍합니다."

얀과 함께 집으로 걸어오면서 내가 물었다. "피터가 한 걸음 더 나아가 자신의 현실을 받아들일 수 있는 길이 있을까요? 피터는 삶의 악한 쌍둥이로, 병실을 찾아온 죽음과 친해져, '그래, 넌 나의 원수지만 원수를 사랑하라 하셨으니 너를 사랑하고 싶다. 너를 받아들이고 싶다. 두려움 없이 너와 함께 있고 싶다'라고 말할 수 있을까요?"

그 후로도 생각이 꼬리에 꼬리를 물었다. 피터는 죽음과 친해지기가 왜 그렇게 힘들까? 그제야 나는 알았다. 그는 이렇게 말하고 있던 것이다. "벌써부터 죽음을 받아들이면 나는 더 일찍 죽는다. 지금부터 죽음을 생각하면 나는 싸움을 포기하는 것이다. 죽음이 병실에 들어와 나를 끌어안게 두면 난 더 이상 저항할 수 없다."

나는 그 말이 맞다고 생각하지는 않는다. 오히려 나는 우리가 삶과 죽음을 사랑하는 사람이 되면, 원수를 품으면, 죽을 운명과 친해지면, 사랑의 능력으로 더 강하게 저항할 수 있다고 굳게 믿는다. 이 진리를 체험으로 알기에 하는 말이다.

몇 년 전에 차에 치여 병원에 실려 간 적이 있었다. 들것에 누워 있자니 몹시 불편했지만 이렇다 할 외상이 없었으므로 곧 퇴원 조치되어 집으로 돌아갈 줄로 알았다. 마침내 나를 검진한 의사가 친절하지만 분명하게 말했다. "오래 사시지 못할 수도 있습니다. 내부에 출혈이 심합니다. 수술해 보겠지만 잘 안 될 수도 있습니다." 갑자기 모든 것이 달라졌다. 바로 그 병실 안에 죽음이 나와 함께 있었다. 내 인생이 이렇게 끝날 수도 있다고 생각하자 충격과 두려움 속에서 수많은 생각들이 머릿속을 스쳐갔다.

나는 삶을 내려놓고 죽음의 때를 맞이할 준비가 되어 있지 않았다. 못다 해결한 문제들을 처리해야 했고, 전에 함께 살았거나 지금 함께 사는 사람들과의 사이에 풀지 못한 분노와 원망과 계속되는 갈등도 있었다. 용서받지 못했고 남들을 용서하지 못했다는 느낌이 나를 절박하게 삶에 집착하게 만들었다. 내 안에 분노, 시기, 미움을 일으켰던 이들이 마음의 눈앞에 떠올랐다. 그들을 진실로 용서하지 않음으로써 나는 그들에게 나를 지배할 힘을 부여했고, 그 바람에 상처 입은 실존에 매여 살았다.

죽음의 목전에서 나는 용서하고 용서받고 싶고, 모든 평가와 의견을 내려놓고 싶고, 비판의 짐에서 해방되고 싶은 깊은 갈망을 느꼈다. 나한테 화난 사람들과 내 쪽에서 화를 낸 사람들을 모두 침상 옆에 모아 놓고, 그들을 안아 주고, 용서를 구하고, 용서를 베풀고 싶은 마음이 간절했다.

죽음 앞에서 나는 순전하고 무조건적인 사랑을 이전 어느 때보다 깊이 체험했다. 혼란과 충격과 풀지 못한 죄책감의 한복판에서 나는 아주 담담하고 더없이 평온해졌다. 하나님이 나를 안으시고 조용히 안심시켜 주셨다. "두려워하지 마라. 너는 안전하다. 내가 너를 집으로 데려갈 것이다. 너는 나에게 속하였고 나는 너에게 속하였다."

그때 내가 느꼈던 하나님의 충만한 임재는 말로 표현하기 어렵다. 그 임재는 모든 두려움을 내려놓고 더 가까이 오라고 나를 부르고 있었다. 죽음의 문간을 거닐면서 모든 모호함과 불확실함이 사라졌다. 내 인생의 주님이신 예수께서 "오라, 나에게 오라"라고 말씀하시며 거기 계셨던 것이다.

나는 정말 놀랍도록 평안했다. 그래서 그날 밤 수술 후에 중환자실에서 깨어났을 때는 실망이 이만저만이 아니었다. 자신에게 이렇게 물었다. '내가 여기서 뭐하는 거지? 왜 아직 살아 있는 거지?' 어찌된 일인지 계속 묘연했다. 점차 내가 어쩌면 평생 처음으로 내 죽음을 두려움의 눈이 아니라 사랑의 눈으로 관상했다는 사실을 깨달았다. 죽음과 친해지자 더 이상 죽음이 두렵지 않았다. 한순간일지언정 나는 하나님을 알았다. 이제 나는 전사와 저항자이되 두려움이 아니라 사랑이 동기가 되어, 세상에 다른 방식으로 존재할 수 있었다. 삶과 죽음을 사랑하는 사람이 된 것이다.[5]

❋ 하나님께 사랑받는 자

일단 죽음을 위협적인 원수가 아니라 낯익은 친구로 대하게 되면 우리는 많은 의심과 두려움을 벗고, 죽을 운명을 직시하며, 자신이 하나님의 사랑받는 아들딸이라는 지식과 자유 안에서 살아갈 수 있다. 오래전부터 알던 사실이지만 그래도 나는 내가 사랑받는 자라는 진리를 수시로 다시 주장해야 한다.

질병과 죽음과 미래에 대한 두려움은 우리의 자유를 앗아가며, 온갖 위협과 약속으로 우리를 조종할 힘을 사회에 부여한다. 두려움을 넘어 우리를 영원한 사랑으로 사랑하시는 그분께 이르면, 압제와 박해와 죽음조차도 우리를 지배할 수 없다. 모든 형태의 악과 질병과 죽음은 우리에 대한 최종 지배권을 잃는다. 우리는 깊은 내적 지식, 머리보다는 가슴의 지식에 이른다. 즉, 우리가 사랑으로 태어나 사랑 속에 죽을 것이고, 우리 존재의 모든 부분이 사랑에 깊이 뿌리박고 있으며, 사도 바울의 사뭇 웅장한 말처럼 아무것도 우리를 하나님의 그 사랑에서 끊을 수 없다는 지식에 도달한다.

> 내가 확신하노니 사망이나 생명이나 천사들이나 권세자들이나 현재 일이나 장래 일이나 능력이나 높음이나 깊음이나 다른 어떤 피조물이라도 우리를 우리 주 그리스도 예수 안에 있는 하나님의 사랑에서 끊을 수 없으리라(롬 8:38-39).

자신의 참 존재에 대한 더 깊은 영적 진리를 당신은 언제라도 주장할 수 있다. 주변 모든 것들이 다르게 말할 때라도 마찬가지다. 삶이 당신의 핵심 존재에 이의를 달거나 남들이 당신을 다르게 규정하려 할 때, 당신은 자신의 실체를 주장하고 자신의 참된 집에 거할 수 있다. "나는 하나님의 사랑받는 자다!"라고 말이다. 그 주장이 당신의 뱃속, 당신의 중심, 당신의 심장에서 나와야 한다. "너는 내 사랑하는 자요 내 기뻐하는 자다"라고 말씀하시는 음성, 그 신기한 음성을 들으라.

예수님도 요단 강에서 그분의 정체를 확인해 주는 음성을 들으셨다. 예수님은 사랑받는 자로 인생을 사셨다. 마귀가 이렇게 말할 때도 마찬가지였다. "증명해 보라! 네가 사랑받는 자라는 것을 뭔가 그럴듯한 일을 해서, 돌을 빵이 되게 해서 증명해 보라. 네가 사랑받는 자라는 것을 성전에서 뛰어내려 증명해 보라. 그러면 네가 얼마나 대단한 존재인지 만인이 알게 될 것이다. 네가 사랑받는 자라는 것을 힘과 권세로 증명해 보라. 그러면 너는 사람들에게 기쁜 소식을 전할 수 있을 것이다." 예수님은 마귀를 이렇게 꾸짖으셨다. "나는 아무것도 증명할 마음이 없다. 나는 이미 사랑받는 자다. 그것이 요단 강에서 들려온 하나님의 음성이다."

그 동일한 목소리를 베드로와 야고보와 요한은 다볼 산의 광채 속에서 들었다. "이는 내 사랑하는 아들이요 내 기뻐하는 자니 너희는 그의 말을 들으라"(마 17:5).

확신컨대 하늘에서 난 그 음성은 예수님께만 혹은 예수님에 관해서만 주신 것이 아니다. 그 음성은 우리에 관해서 우리에게 주신 것이기도 하다. 우리도 하나님의 사랑받는 아들딸들로 기름 부음을 받았다. 예수님은 오셔서 자신의 신성과 정체성을 우리에게 나누어 주셨고, 그리스도의 속성을 우리에게도 주셨다. 지금도 예수님의 영은 이 진리를 주장하도록 우리를 돕고 계신다.[6]

잠시 기도와 묵상 중에, 당신도 그리스도처럼 하나님의 사랑받는 자녀라는 이 엄청난 신비 속으로 들어가 보라. 하나님은 당신을 아주 기뻐하신다. 태어나기 전부터 당신은 사랑받는 존재였고, 평생 살아서는 물론 죽은 뒤까지도 마찬가지다. 가족이나 교회가 당신을 사랑했든 사랑하지 않았든, 당신에게 도움을 주었든 상처를 주었든, 그전부터 당신은 하나님께 온전히 사랑받았다. 당신이 온전히 사랑받는 이유는 당신이 영원히 하나님의 것이기 때문이다. 그것이 당신의 정체에 대한 진리다. 그것이 당신이다. 그것을 당신은 언제라도 다시 주장할 수 있다.

자신이 태어나기 전부터 사랑받았고 죽은 후에도 사랑받을 것을 믿는다면, 당신은 인생의 사명을 깨달을 수 있다. 당신은 잠깐 동안 이 땅에 보냄 받았다. 기간은 중요하지 않다. 당신이 세상에 보냄 받은 목적은 형제자매들에게 그들도 당신만큼 사랑받는 자이며 우리가 다함께 하나님 가족에 속해 있음을 알리기 위해서다.

우리는 화해의 사람들로 이 세상에 보냄 받았다. 가르치고 치유하며, 사람들을 여러 다른 가치 범주로 갈라놓는 벽들을 허물라고 보냄 받았다. 젊은이, 노인, 흑인, 백인, 세르비아인, 크로아티아인 등 우리를 갈라놓는 모든 구별 너머에 그보다 큰 연합이 있다. 그 근본적 연합을 근거로 우리는, 인간이란 누구나 영원부터 영원까지 박동하는 하나님의 심장에 속한 자라는 진리를 선포하고 살 수 있다. 자신이 선택받고 복 받은 자임을 마음으로 알면 우리는 남들 또한 선택받고 복 받은 자임을 알게 된다. 그래서 온 인류를 하나님의 사랑받는 존재들로 품을 수밖에 없다. 그것이 하나님의 사랑의 신비다. 삶과 죽음의 여러 측면을 두루 직시할 때, 마침내 우리는 하나님께 "저도 하나님을 사랑합니다"라고 아뢸 수 있다.

❁ 다시 어린아이 되기

내가 60세 되던 해에 데이브레이크 공동체에서 큰 잔치를 열어 주었다. 사람들이 백 명도 넘게 더 모였다. 존 블로스도 여느 때처럼 옆에서 열심히 한몫하고자 했다. 평소에 그는 기발한 생각이 많지만 장애 때문에 그것을 말로 표현하기가 몹시 힘들다. 그래도 그는 말하기를 좋아하며, 싫어도 들어야 할 청중이 있을 때면 더욱 그것을 표현한다.

모두들 커다랗게 빙 둘러 앉았는데 사회자 조(Joe)가 말했다. "존, 오늘 헨리에게 무슨 말을 해 주고 싶습니까?" 연극을 좋아하는 존은 자리에서 일어나 원 한가운데 서더니 나를 가리키며 말을 고르기 시작했다. "당신은…… 당신은……" 그의 얼굴에 싱글벙글 웃음이 번졌다. 다들 잔뜩 기대하며 보는데 그는 나를 더 똑바로 가리키며 말을 뱉어내려 애썼다. "당신은…… 당신은…… 어…… 어……" 그러다 이런 말이 튀어 나왔다. "노인입니다!" 다들 폭소를 터뜨렸고 존은 자신의 성공적인 연기를 흐뭇해했다.

그 말 그대로였다. 나는 "노인"이 되어 있었다.

1-30세 사이의 사람들은 젊고, 30-60세 사이의 사람들은 중년이고, 60번째 생일이 지난 사람들은 늙었다고 해도 무방하다. 하지만 막상 자신이 불쑥 60세가 되면 늙었다는 실감이 나지 않는다. 적어도 나는 그랬다. 사실 나는 내가 늙었다는 것과 젊은 사람들이 나를 노인 취급한다는 것을 왠지 자꾸 잊어버린다. 가끔씩 거울 속의 나를 보면서 60세 때의 내 어머니와 아버지 모습을 떠올리고, 그분들을 내가 노인으로 여겼다는 것을 기억하면 조금 도움이 된다.

노인이 된다는 것은 그만큼 죽음에 더 가까워진다는 뜻이다. 일찍이 나는 여태까지 살아온 햇수의 갑절을 살 수 있을까 계산해 보았다. 스무 살 때는 적어도 20년은 더 살리라고 자신했다. 서른 살 때도 60세까지야 쉽게 가겠지 생각했다. 마흔이 되자 80세까지 살 수 있을지 의문이었다. 그러다 쉰이 되자 백세까지 사는 사람이 극소수라는 걸 깨달았다. 더구나 이제 예순이 되었으니 내가 중간점을 훨씬 더 지나, 태어난 날보다 죽을 날에 훨씬 더 가까워진 게 분명하다.

노인들은 죽음을 준비해야 한다. 하지만 어떻게 준비할 것인가? 내 경우, 다시 어린아이가 되어야 했다. 유년기를 다시 주장하는 것이다. 이는 최대한 독립성을 유지하려는 우리의 본능적 욕구에 반대되는 것처럼 보일 수 있다. 하지만 잘 죽으려면 반드시 어린아이가 되어야 한다. 제2의 유년기에 들어가야 한다. 예수님은 제2의 유년기에 대하여 이렇게 말씀하셨다. "너희가 돌이켜 어린아이들과 같이 되지 아니하면 결단코 천국에 들어가지 못하리라"(마 18:3).

영원에 비추어 제2의 유년기의 특징은 무엇일까? 하나님과 사람들에 대한 새로운 의존이라 할 수 있다. 인생의 첫 20여 년 동안 우리는 부모와 교사들과 친구들에게 의존한다. 그리고 40년이 지나면 다시 점점 의존적이 된다. 인간은 어릴수록 주변에 사람들이 많아야 살아갈 수 있다. 또한 늙어갈수록 역시 곁에 사람들이 많아야 살아갈 수 있다. 의존에서 의존으로 가는 것이 인생이다.

이것이 하나님이 예수님을 통하여 우리에게 계시해 주신 신비다. 예수님의 인생은 구유에서 십자가로 가는 여정이었다. 주변 사람들에게 완전히 의존적인 존재로 태어나신 예수님은 어떤 면에서 남들의 행동과 결정에 의해 죽음을 맞이하셨다. 그분의 여정은 첫 유년기에서 제2의 유년기로 가는 여정이었다. 그분은 아이로 오셔서 아이로 죽으셨다. 그분이 인생을 그렇게 사셨기에 우리도 유년기를 주장하고 또 주장하며 죽음을 새로운 출생으로 삼을 수 있다. 예수님은 "너희가 다시 어린아이와 같이 되지 아니하면 천국에 들어가지 못하리라"라고 하셨다. 죽음과 친해지고 내가 사랑받는 자임을 다시 주장하는 과정에서 우리는 다시금 자유로운 어린아이가 될 수 있다.

앞서 나누었듯이, 내게 어린아이 같은 신뢰로 죽음을 맞이할 수 있음을 깨우쳐 준 그 경험은 축복이었다. 교통사고와 수술을 계기로 죽음을 대면한 덕분에 나는 이전과 달리 내 유년기로 돌아갈 수 있었다. 마스크를 쓴 사람들에게 둘러싸여 십자가 모양의 수술대에 묶여 있는 동안 나는 완전한 의존을 경험했다. 낯선 의료진의 손에 내 몸을 철저히 맡겼을 뿐만 아니라 또한 내 목숨은 오직 하나님 한 분께 달려 있었다. 수술의 성패와 관계없이 하나님이 나를 안전한 품에 아이처럼 품고 계심을 나는 깊이 알았다. 인간에 대한 모든 의존은 죽음을 더 큰 삶의 길로 삼으시는 하나님께 대한 의존에 둘러싸여 있음을 나는 문득 깨달았다.

그 경험은 너무도 절절한 것이라서 내 자아 인식을 철저히 바꾸어 놓았고 내 의식 상태에 깊은 영향을 미쳤다. 죽음의 목전에서 내가 느낀 것이 하나 있었다. 혼자 있고 싶지 않았다. 나는 도움을 받고 싶었다. 앞으로도 누군가 내 죽음의 산파가 되어 주었으면 좋겠다. 태어날 때 혼자가 아니었듯이 죽을 때도 혼자가 아니었으면 좋겠다.

죽음의 시기와 방법에 대하여 누구나 기대할 수 있다. 남편이나 아내, 친구들과 가족들이 곁에 있으면 좋을 것이다. 상담자나 목사가 곁에 있어도 좋다. 혼자가 아니면 좋을 것이다. 하지만 이들 중 누구도 결국 우리에게 두려움 없이 죽음을 통과할 영적 능력은 줄 수 없다. 하나님을 신뢰하고 성도의 교통에 동참하는 것만이 우리를 저편으로 평안히 데려다 줄 수 있다.

❈ 하나님을 신뢰하고 성도의 교통을 믿으라

　죽음을 부정함에서 죽음과 친해짐으로 움직이는 것에 있어서 나에게 가장 깊은 확신이 있다. 하나님의 영과 성도의 교통이 우리로 하여금 믿음으로 죽음을 통과하게 해 준다는 확신이다. 사도신경을 통하여 우리는 "성령을 믿사오며, 거룩한 공회와, 성도가 서로 교통하는 것과 …… 몸이 다시 사는 것과, 영원히 사는 것을 믿사옵나이다"라고 선포한다. 특히 죽음을 대면하는 과정에서 우리는 성도의 교통이라는 유서 깊은 영적 교리를 다시 주장할 필요가 있다.

　내가 사는 라르쉬에서는 세상을 떠난 우리 공동체 식구들을 위하여 계속 기도한다. 우리는 그들의 삶과 죽음을 기린다. 날마다 그들을 생각한다. 벽에 그들의 사진을 걸어 둔다. 작년에 죽은 로리, 헬렌, 모리스와 기타 많은 사람들의 사진이 마침내 다 한곳에 모였다. 그들은 계속 나에게 자신의 사랑을 보내 준다. 나에게 인생이 무엇인지 말해 주기도 한다. 내가 그들의 추억을 붙들수록 그들은 내 마음과 삶에 더 적극적으로 개입한다. 생전에 그들에게 내가 필요했듯이 내 인생을 사는 데도 그들의 도움이 필요하다. 그들은 내가 누구이고 어디로 가고 있으며 누구에게 속했는지에 관하여 뭔가를 가르쳐 준다.

영적인 삶의 이 마지막 이행은 출생 전부터 우리를 사랑하셨고 죽음 후에도 우리와 함께하실 하나님에 대한 철저한 신뢰를 요구한다. 그것이 토론토 병상의 피터를 통해 배운 메시지였다. 이는 또한 복음서에서 시몬 베드로가 들려주는 진리이기도 하다. 그는 모세와 엘리야가 눈부시게 빛난 옷을 입으신 예수님과 함께 있는 것을 보았는데, 그때 하늘에서 이렇게 선포하시는 음성이 들려 왔다. "이는 내 사랑하는 아들이요 …… 너희는 그의 말을 들으라"(마 17:5).

이에 비추어 당신에게 권하노니, 죽음의 천사의 얼굴을 쳐다보며 이렇게 말하라. "나는 두렵지 않다. 나는 죽음과 친해질 것이다. 다시 어린아이처럼 의존할 것이다. 나는 성도가 서로 교통하는 것과 영원히 사는 것을 믿는다. 그리고 나를 사랑하는 자라 부르시는 하나님을 신뢰할 것이다."

> 오 주님, 저는 언제 죽게 될까요? 저는 그때가 언제인지 모르지만 너무 이르지 않았으면 좋겠습니다. 이생에 미련이 많아서가 아니라 주님을 대면할 준비가 너무도 되어 있지 않아서 말입니다. 조금만 더 살게 해 주소서. 그리하여 주님의 인내를 보여 주시고, 저 자신을 변화시킬 기회를 한 번 더 주시고, 제 마음을 정화시킬 시간을 주소서. 시간은 주님이 주시는 선물입니다. 아멘.[7]

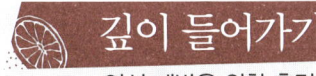

깊이 들어가기
영성 계발을 위한 훈련 노트 7

"죽기 전에 미리 죽지 않는 자는 죽을 때 망한다." 야콥 뵈메는 어떤 뜻으로 이 말을 했을까?[8]

당신은 어디서 어떻게 죽고 싶은가?[9]

죽음을 부정하는 것에서 죽음과 친구가 되는 이 마지막 이행은 어떻게 영적 삶의 다른 모든 이행보다 앞에 있고 또 요약해 주는가?

❖ 묵상과 일기

1 헨리 나우웬은 1995년에 전국 가톨릭 에이즈 네트워크 대회에서 "죽음과 친구 되기"라는 제목으로 기조 연설을 했는데(이번 장은 그 연설에 기초한 것이다), 그 일로 시카고에 머무는 동안 병원에 있는 친구 조셉 버나딘 추기경을 방문했다.

   당시 추기경은 불치병으로 투병 중이었다. 헨리는 "죽기 전에 죽음과 친해져야 한다"라는 비전을 나누었다. 친구에게 그는 암과 싸우는 삶을 사제로서 회중 앞에 공개할 것과 자신이 사랑받는 자임을 아는 상태에서 죽음을 맞이할 것을 권했다. 버나딘 추기경의 묵상을 보면, 헨리의 통찰이 추기경 자신에게만 아니라 교회 전반에 귀중한 것임이 확인된다. 다음은 버나딘의 책 「평화의 선물」(*The Gift of Peace*, 바오로딸 역간)에서 발췌한 것이다.

작년 7월에 아주 중요한 일이 있었다. 25년이 넘도록 친구로 지내 온 헨리 나우웬 사제가 문병을 와 주었다. 한 시간 남짓 같이 있었는데, 그는 자기가 쓴 「죽음, 가장 큰 선물」을 가져왔다. 그 책에 대해서 대화했는데, 주로 기억나는 것은 죽음을 적이 아니라 친구로 보는 게 중요하다던 그의 말이다. 나 역시 신앙을 바탕으로 늘 그런 관점을 취해 왔지만, 방사선 치료로 녹초가 되어 있던 터라 그 순간 그것을 다시 상기할 필요가 있었다.

헨리는 말했다. "삶이란 아주 간단합니다. 두려움과 불안이 있을 때 친구에게 털어놓으면 그것이 아주 작아지거나 아예 없어질 수도 있습니다. 두려움과 불안을 적으로 보면 우리는 부정 상태에 들어가 최대한 거기서 멀어지려고 하지요." 그는 또 "죽음이 이생에서 영생으로 가는 새로운 출발점이라고 믿는 우리 신앙인들은 죽음을 친구로 보아야 합니다"라고 말했다.

그 대화가 나에게 큰 도움이 되었다. 죽음에 대한 내 불안이나 두려움을 다소 없애 주었다. 올해 9월 21일 64세의 헨리 나우웬 신부가 갑자기 심장마비로 세상을 떠났을 때 모두들 충격을 받았다. 하지만 그가 준비되어 있었다는 데는 의심의 여지가 없다. 평생 동안 사람들에게 사는 법과 죽는 법을 가르친 그였다.[10]

❖ **거룩한 독서**

1 죽음을 부정함에서 죽음과 친구가 되는 것에 관한 헨리 나우웬의 가르침에 비추어, 성경에서 예수님이 변형되신 대목을 읽고, 산에 올라간 사람들에게 보였던 다볼 산의 빛에 대하여 묵상해 보라(마 17:1-8 참조).

2 거기 산꼭대기에서 그들은 자기들 앞에서 변형되신 예수님을 보았다. "그 얼굴이 해 같이 빛나며 옷이 빛과 같이 희어졌더라." 두 선지자 모세와 엘리야가 앞에 나타나자 그들은 뭐라고 말해야 할지 몰랐다. 베드로가 예수님과 모세와 엘리야를 위하여 초막 셋을 짓겠다고 나섰다. 그가 말하고 있는데 빛난 구름의 그림자가 그들을 덮으며 구름 속에서 이런 소리가 들렸다. "이는 내 사랑하는 아들이요 내 기뻐하는 자니 너희는 그의 말을 들으라"(마 17:1-8 참조).

로드니 디마티니 사제는 "다볼 산을 오르기란 어렵다"고 말한다. "오르기가 어려운 까닭은 그 산을 오르려면 굳은 땅과 옛 길들과 모든 친구를 뒤로해야 하기 때문이다. 그 산을 오르려면 머리가 어질어질해지더라도 발을 든든히 디뎌야 한다. 그 산을 오르려면 삐죽한 돌부리를 꼭 잡고 그것이 버텨 주기를 바라야, 아니 믿어야 한다. 그 산을 오르려면 꼭대기와 저쪽 반대편이 있다는 것을 알아야 한다."[11]

변화는 산 위에서 일어난다. 감람 산이 그렇고, 해골의 언덕 갈보리가 그렇고, 산 위의 빛나는 도성 시온이 그렇다. 산마다 그늘진 틈바구니도 있고 시야가 탁 트인 정상도 있다. 변화산인 다볼 산에는 빛과 그림자의 춤이 있다. 변화는 산꼭대기, 즉 하나님의 음성이 들리는 곳에서 일어난다.

그 산에 오를 마음의 준비를 하라. 시간을 충분히 할애하고 시야를 높이 두라. 침묵과 고독을 끌어안으라. 조용히 귀를 기울이라.

3 복음서 본문을 천천히 생각하면서 세 번 읽으라. 자신이 베드로, 야고보, 요한과 함께 산꼭대기에 있다고 상상해 보라. 무엇이 보이는가? 무엇이 들리는가? "두려워하지 마라"라는 예수님의 말씀에 어떤 기분이 드는가? 산 위의 그런 경험을 통하여 당신이 변화된다는 것은

어떤 의미일지 생각해 보라. 끝으로, 이 본문은 당신 자신의 유한한 운명, 죽음, 새로운 삶에 대하여 무엇을 말해 주는가?

4 그 산꼭대기에서 보고 들은 것을 일기에 한 문단 정도로 기록해 보라. 기록한 내용을 소그룹이나 영성 지도자나 가까운 친구에게 나누라.

❖ **거룩한 관찰**

네덜란드 에텐 마을에서 반 고흐는 팔꿈치를 무릎에 괴고 고개를 양손에 묻은 채 벽난로 옆에 앉아 있는 한 병든 농부를 정물화처럼 그려 냈다[12] (188쪽 그림 〈슬픔에 잠긴 노인〉(Old Man in Sorrow) 참조).

고흐는 이렇게 말한다. "노인은 영원의 문턱에서 몹시 지친 모습이다. 나는 구석의 불 옆에 말없이 앉아 있는 왜소한 노인을 더없이 처절하게 담아내 …… 하나님과 영원의 존재를 표현하려 했다. 노인 자신은 어쩌면 그것을 의식하지 못하고 있을지도 모른다."

죽음과 새로운 삶에 대한 빈센트의 시각은 동생 테오에게 보낸 1878년 11월 15일자 편지에 나타나 있다. 거기에 그는 이렇게 썼다. "슬프고 아주 침울한 장면이야. 우리 또한 어느 날 사망의 음침한 골짜기를 지나야 할 것과 많은 눈물과 백발을 겪으리라는 것을 아는 사람이라면 누구나 가슴이 찡할 거야. 그 너머에 무엇이 있는지는 하나님만이 아시는 커다란 신비지만, 하나님은 죽은 자들의 부활이 있음을 그분의 말씀 속에 확실히 계시해 주셨어."

조용히 앉아서 〈영원의 문턱에서〉(On the Threshold of Eternity, 같은 그림의 다른 제목-옮긴이주)를 관상하라. 묵상을 따라 기도하라.

■ 에필로그
영성 계발의 여정

엘리자베스 오코너의 표현을 빌리자면, 영성 계발은 내적 여정과 외적 여정을 둘 다 필요로 한다.[1] 내적 여정은 내 안에 거하시는 그리스도를 찾는 여정이다. 외적 여정은 우리들 가운데와 세상 속에 거하시는 그리스도를 찾는 여정이다.

내적 여정에 필요한 훈련들은 고독, 침묵, 기도, 묵상, 관상 그리고 내 마음의 움직임들에 대한 세심한 주의다. 공동체와 사명의 외적 여정에 필요한 훈련들은 돌봄, 긍휼, 증언, 봉사, 치유, 책임 그리고 다른 사람들 마음의 움직임에 대한 세심한 주의다. 이 두 여정은 짝을 이루어 서로를 강화시켜 주며, 결코 분리되어서는 안 된다.

영적인 삶은 자기 마음의 중심부로 들어가 복잡한 내면생활과 친해지는 기회를 준다. 여기에 필요한 기술은 분별과 명확한 표현이다. 자기 내면생활의 여러 움직임들을 명확히 분별하고 표현할 줄 아는 사람들, 자기 영혼 안에서 싸우는 세력들을 명명하고 귀신들과 대결하고 그 경험의 성격을 분간할 줄 아는 사람들은 그 과정의 피해자로 남지 않는다. 오히려 그들은 성령을 막는 장애물들을 당당히 극복하고, 우리 마음보다 크신 하나님께 자리를 내 드릴 수 있다.

고독과 자기 성찰이라는 기도의 자리에서만 우리는 공동체와 사역을 꿈꿀 수 있다. 내적 여정이 외적 여정에 선행하며, 그 순서는 중요하다. 영적으로, 우리는 먼저 자아와 하나님을 알아야만 다른 사람들을 알 수 있다. 또한 자아와 하나님을 사랑해야만 서로를 사랑할 수 있다. 하나님과의 교제가 공동체나 세상 속에서의 사역보다 우선한다. 먼저 내적 여정이 시작된 후라야 우리는 고독에서 공동체와 사역으로 이행할 수 있다.

내적 여정도 외적 여정도 분별과 변화의 여정이다. 둘 다 힘든 여정이므로 혼자 가려 하지 않는 것이 지혜롭다. 영적 삶에서 우리가 안을 향하든 밖을 향하든, "우리 마음보다 크시고 모든 것을 아시"(요일 3:20)는 하나님이 우리의 기초가 되시며 우리를 보호해 주신다.

영적인 삶을 살려면 영성 계발, 영성 지도, 영적 분별이 필요하다. 이 셋은 영적 삶에 동시에 일어나지만, 각기 따로 떼어 살펴보는 것도 도움이 된다. 영성 계발에 관한 이 책을 읽었으니 이제 당신은 먼 신앙 여정에 첫발을 뗀 것이다. 이제 당신에게 영성 지도자가 필요할 수 있다. 영적 삶의 여정에는 결단만 아니라 통과할 지형에 대한 지식도 필요하기 때문이다.² 영성 지도자의 지도와 신앙 공동체의 감시 하에 당신은 또한 영적 분별의 방법들을 배울 수 있다.

※ 이 글은 헨리 나우웬이 작성한 영성 계발 교과목 유인물과 편집자의 수업 필기(1980년 예일대 신학부)를 다듬은 것이다. − 편집자주

■ 부록

거룩한 관찰을 위한 작품

〈변화산의 예수〉(1403년경), 테오판 作

〈생-레미의 벤치〉(1889년경), 빈센트 반 고흐 作

〈해바라기〉(1889년경), 빈센트 반 고흐 作

〈춤추는 여인〉(1809-1812년경), 안토니오 카노바 作

〈구약성서 삼위일체〉(1410년경), 안드레이 루블료프 作

〈변화산 상징〉
이탈리아 라벤나에 있는 성 아폴리나레 누오보 성당 동쪽 천장(초기 기독교)

⟨바퀴 그림⟩
캐나다 라르쉬 데이브레이크 가족인
프랜시스 모리스, 트레이시 웨스터비, 아만다 위팅튼-잉그램 作

〈슬픔에 잠긴 노인〉(1890년경), 빈센트 반 고흐 作

■ 엮은이의 글 1
성령의 리듬에 맞추어 호흡하다

이 책은 영적 삶을 사는 법에 대한 입문서다. 요지는 깨달음의 단계들이 아니라 마음의 실천이고, 점진적 발달 단계들이 아니라 속박하고 파괴하는 것에서 해방과 생명으로 옮겨 가는 이행들이다. 끊임없이 변화하는 격동의 세상에서 영적으로 살고자 하는 많은 이들이 흔히 경험하는 심리적·영적 역동과 모순과 움직임이 이 책에 나와 있다. 머리에서 가슴으로 이행하여 하나님이 거하시는 중심부에서 사는 법에 대한 지혜를 들려주는 책이다.

"영성 계발은 자기 마음의 중심부로 들어가 복잡한 내면세계와 친숙해지는 기회를 준다." 20세기 후반의 가장 논리정연하고 독자층이 넓은 영성 작가인 헨리 나우웬은 영성 계발에 대해 그렇게 썼다. 이미 간행된 그의 기독교 영성 저작이 40여 권에 이르지만, 특별히 이 책에는 마음의 길─머리에서 가슴으로 내려가 그 중심부에서 하나님의 영에 의하여 빚어지는 길—에 관한 그의 통합된 가르침과 사례들을 담았다. 사제이자 심리학자, 교수 또한 목회 심리학 분야의 개척자인 헨리 나우웬은 사람들이 흔히 영성 계발(spiritual formation)이라고 말하는 분야의 믿을 만한 길잡이다.

예수회 사제인 헨리 나우웬은 가톨릭 신비 신학의 풍부한 영성 계발 전통을 물려받았는데, 그 내용은 점진적 단계들을 따라 별개의 훈련들을 실천하여 영적 연합에 이르는 것이다. 나중에 심리학자로서 그는 인간 '영혼'의 내적 양극성에 관하여 좀더 심리역동적인 이해를 통합하여 발전시켰다. 그는 영혼이 '마음'에 있다고 보았으며, 그에게 마음은 인간의 핵심 자아 내지 영적 중추로서 인간의 신체적·정신적·정서적 삶이 하나님과 관계하여 하나로 수렴되는 곳이다. 이러한 내면의 양극성들을 더 잘 이해하고 하나님을 지향하면 변화가 가능해진다. 인간의 마음이 성령의 움직임에 열려 있고 바로바로 반응하면 건강한 영성 계발이 이루어진다.[1]

자신의 영적 경험과 다른 사람들의 경험들을 성찰하면서 헨리 나우웬은 영성 계발과 관련하여 내면생활의 개인적이자 보편적인 속성들을 밝혀낼 수 있었다. 첫 저서 「친밀함」(*Intimacy: Essays in Pastoral Psychology*, 두란노 역간)에서 그는 두려움, 수치심, 연약함, 정체감, 자존감, 불안, 사랑, 희망 등의 내적 역동에 집중했다. 이러한 심리적, 영적 양극성들이 영적 여정에 변화의 움직임을 유발한다고 그는 믿었다. 내면생활의 한 특정한 속성을 짚어냄으로써 그는 거기에 상응하는 영성 계발의 훈련과 이 속성에서 저 속성으로, 속박하고 파괴하는 것에서 해방과 생명을 주는 것으로 옮겨가는 이행을 밝힐 수 있었다. 예컨대, 「영적 발돋움」(Reaching Out, 두란노 역간)에서 헨리 나우웬이 꼽은 첫 번째 움직임인 "외로움에서 고독으로"는 침묵 훈련을 요하고, 두 번째 움직임인 "적대감에서 환대로"는 사역 훈련을 요청하며, 세 번째 움직임 "삶의 망상에서 마음의 기도로"는 관상 기도와 공동체의 분별 두 가지를 필요로 한다.

성령의 크고 작은 움직임은 개인에 따라 그리고 각자의 삶의 시기와 신앙 공동체에 따라 다를 수 있다. 그것은 마치 하나의 이행을 다 완수하고 다른 이행으로 넘어가야만 여정이 지속되기라도 하듯이, 결코 정적(靜的)이거나 절대적이거나 완전히 끝낼 수 있는 것이 아니다. 그보다 우리는 이동 중이며, 우리 삶 속에서 하나님이 활동하시는 바람이 어느 쪽으로 부는지 분별하는 과정에 있다.

그래서 영적으로 살려면 우리는 성령의 리듬에 맞추어 호흡하고, 먼 신앙 길에서 하나님 쪽으로 나아가려 애써야 한다. 그러려면 의식을 기르고, 상태를 명명하고, 우리 마음과 삶 속에서 행하시는 성령의 미세한 움직임에 따라야 한다. 헨리 나우웬에 따르면 주된 이행들은 "불투명에서 투명으로, 망상에서 기도로, 슬픔에서 기쁨으로, 원망에서 감사로, 두려움에서 사랑으로, 배척에서 포용으로, 죽음을 부정하는 것에서 죽음과 친구가 되는 것으로"이다. 마음으로 가는 길, 즉 영성 계발의 길은 이 7가지를 비롯한 기타 많은 이행들로 이루어진다.

이 책은 헨리 나우웬이 고전적 훈련들, 전통적 단계들, 영적 이행들을 한데 묶어, 매일의 성찰과 의지적 실천을 요하는 역동적 신앙 여정으로 만든 것이다. 그래서 이 책은 개인의 성찰과 소그룹 모임에 모두 적합하다.

❀ 이 책을 쓴 이유

헨리 나우웬의 기록물과 원고로 펴낸 「영성 수업」(*Spiritual Direction*, 두란노 역간)에 대한 따뜻한 반응과 건설적인 피드백을 보면서, 우리는 그의 수많은 테이프와 글로 좋은 책을 하나 더 펴낼 수 없을까 하는 생각이 들었다. 예일대학교에서 헨리의 학생이었고 1980년대 초부터 그의 독자였던 나(마이클)는 그의 강의와 저작에 일관되게 나타나는 이행들을 보았다.

헨리의 많은 후기 저작을 다시 읽으며 깨달은 것은 책에 따라 그가 밝힌 이행들의 이름이 바뀌었다는 것이다. 그것이 학습을 돕기 위한 수사적 또는 교육적 장치였는지, 아니면 이행 은유가 하나님이 우리 마음속에서 일하시는 방식—반복되는 틀과 주기를 따라 우리를 하나의 상태에서 다른 상태로 옮겨 가시는—을 기술하기 위한 것인지 의문이 들었다.

함께 편집을 맡은 레베카 레어드는 헨리 나우웬이 메닝거 연구소에서 연구하던 시절부터 시작하여 영성 발달에 관한 그의 심리학적 이론을 재검토했고, 그가 목회 심리학 분야에 가장 중요하게 기여한 책 「상처 입은 치유자」(*The Wounded Healer*, 두란노 역간)를 재독했다. 그러자 모든 것이 아주 분명해졌다. 헨리가 20세기 후반의 인간 현실을 더 잘 담아내기 위하여 고전적 단계들과 훈련들을 목회 심리학과 새로운 기독교 영성 이해에 비추어 재구성하고 통합했음을 밝혔다. 그의 창의적인 작업의 결실로 영성 계발에 대한 새롭고 변화 중심적인 접근이 나왔다.

이번 유작은 헨리 나우웬의 많은 글 중에서 엮은 것이다. 헨리는 늘 자신이 걸어 온 신앙 여정의 내적 움직임들에 대하여 썼다. 헨리의 사후에 우리는 두어 해 동안 그의 미간행 설교, 인터뷰, 학교 수업 필기, 강연, 이미 간행된 잡지 기사와 저서 등에서 그러한 이행들에 대한 여러 가닥의 가르침을 찾아내 모았다. 그리고 새로운 정황과 독자들에게 도움이 되도록 그것을 하나의 일관성 있는 글로 통합했다. 헨리 나우웬의 오랜 독자들이 잘 아는 움직임이 이렇게 새로운 청중을 위하여 상황에 맞게 갱신되고 재구성된 것이다.

❈ 이 책을 읽는 법

영성 계발은 평생 걸리는 일이다. 이 책은 한꺼번에 다 읽기보다 천천히 숙독하는 게 가장 좋으며, 꼭 순서대로 읽을 필요는 없다. 영성 계발은 개인적이고 내면적인 일이지만 공동체 속에서 가장 잘 이루어진다. 따라서 이 책을 7주간 또는 여러 달 동안 소그룹으로 읽으면 좋다. 거룩한 시간을 내면 각 장이 당신 내면의 작업을 이끌어 줄 것이다. 함께 영적 여정에 헌신된 다른 사람들이 도중에 지원과 일종의 영성 지도를 해 줄 수 있다.

각 장은 헨리가 좋아하던 예술작품을 묵상하는 것으로 끝난다. 각 장에 상응하는 그림이나 조각을 묵상하면 영감과 통찰을 얻을 수 있다. 그림을 묵상하는 고대 영성 훈련법을 최근에는 거룩한 관찰(visio divina)이라고 한다.[2] 말의 홍수로 뒤덮인 세상에서, 그림 앞에 앉아 말없이 묵상에 잠기면 진리를 머리에서 가슴으로 내려보내는 데 도움이 될 수 있다. 매 장을 읽고 나면, 해당되는 그림이나 조각 앞에 적어도 10분간 앉아서 그림의 많은 세부사항에 생각을 집중하라. 이것은 내가 보는 길이자 또한 나 자신을 보이는 길임을 기억하라. 요컨대 그림과 글, 관찰과 성찰은 각 장에 기술된 이행을 돕기 위한 것이다.

각 장 끝에 있는 "깊이 들어가기" 부분에 나오는 묵상 질문은 그 장의 내용을 가슴의 지식으로 적용하고 기록하게 하려는 취지다. 그러면 당신 마음의 움직임들과 하나님이 당신을 빚어가시는 작업을 더 명확히 표현할 수 있다. 소개한 영적 훈련 노트들은 헨리가 소그룹에서 사용하던 것이거나 아니면 보충 자료로 첨가한 것이다.

이 책을 소그룹으로 공부할 거라면, 매번 모일 때마다 시작 기도에 이어 10분간 침묵의 거룩한 관찰로 시작하면 좋다. 그룹 묵상 및 성찰을 위하여 각 장에 해당하는 예술작품 사진을 인터넷에서 쉽게 찾아 인쇄할 수 있다. 대형 화면이나 아무것도 없는 벽에 빔 프로젝터로 비추면 더 좋다. 그 다음에는 그 장에서 깊이 생각해 볼 만한 서너 가지 요점이나 문구로 토의하면 된다. 끝으로, 묵상 질문이나 기타 연습에 대하여 나누는 시간을 갖는다. 모임의 약속된 시간을 존중하는 뜻에서 개인들은 나눌 준비를 해 와야 하며, 나눔 시간을 사람당 몇 분으로 기꺼이 제한하여 전원 참여할 수 있게 해야 한다. 공동체 단위의 영성 계발에는 외향적인 멤버들이 발언권을 독차지하지 않고 모두 골고루 말하게 하는 훈련이 필요하다. 마칠 때는 반드시 서로를 위하여 그리고 세상을 위하여 잠시 기도하라.

  책 공부를 마치고 나면 모임 바깥의 사람들에게 뭔가 봉사를 하는 것도 좋다. 영성 계발이 비록 내면의 움직임이긴 하지만 우리가 마음의 자리에서 계발되는 것은 언제나 공동체 안에서 하나님을 만나기 위함이고, 그것은 다시 남을 사랑하는 사역으로 표현된다. 그 사실을 봉사가 상기하게 해 준다. 성령의 내적 움직임에 따를 때 우리는 마음의 자리로 거듭 인도함을 받으며, 거기서 하나님의 사랑으로 빚어지고 고쳐지고 변화될 수 있다.

2010년 4월 4일 부활절 주일에
마이클 크리스텐슨
레베카 레어드

■ 엮은이의 글 2
영성 계발 이론에서 헨리 나우웬의 위치

헨리 나우웬은 영적 삶을 여정으로, 즉 마음을 향한 내적 여정과 공동체와 사명의 외적 여정으로 보았다. 나아가 그는 내적 여정과 외적 여정을 이 속성에서 저 속성으로, 속박하고 파괴하는 것들로부터 해방과 생명으로 옮겨 가는 일련의 영적 움직임으로 묘사했다. 그는 "우리의 삶이 동요와 긴장 속에 있어" 우리가 심리역동적으로는 물론 영적으로도 "여러 양극들 사이"를 왔다갔다 한다고 했다.[1]

헨리 나우웬에 따르면, 영성 계발은 우리가 내면의 양극성들과 대립들을 인식하고 성령께서 주도하시는 움직임에 따를 때에 일어난다. 관상 기도와 기타 영적 연습들을 통하여 머리에서 가슴으로 내려갈 때, 우리는 더 큰 인식과 더 깊은 자유에 이르고 하나님과 이웃을 더 넓게 사랑하도록 빚어진다.

영성 계발에 관한 이 책은 성인기 영성 발달의 정황에서 그의 역동적 이행 '이론'(이론이라 부를 수 있다면)에 기초한 것이다. 이는 '고전적 단계 이론들'과 대조되며 음악의 악장에 더 가깝다. 다른 영성 발달 개념들보다 덜 체계적이고 평생이 아닌 성인기 계발에 국한되기는 하지만, 헨리 나우웬의 접근은 유기적이고 직관적이며 통찰력과 설득력이 있다.

�֎ 우리는 이동 중이다

에필로그에서 언급한 복합적인 신앙 여정에 대한 헨리의 신학적 고찰은 각 여정 안에 여러 변화의 움직임들이 있음을 보여 준다. 영성 계발은 마음을 향한 내적 여정으로 시작되어 공동체와 사역을 향한 외적 여정으로 지속되다가 다시 내적 여정으로 이어질 수 있다.[2]

헨리 나우웬에게 마음은 "몸과 영과 혼이 하나로 수렴되는 곳"이다. 마음은 한 인간의 삶을 통합하는 중추 기관이며 "모든 신체적, 정서적, 지적, 의지적, 도덕적 에너지원"이다.[3] 마음은 의지의 자리이며, 의도를 품고 선택을 내린다. 마음으로부터 기도하면 자기 내면생활의 여러 양극성과 복잡성을 더 잘 알게 된다.

마음이 내면의 성령께 열려 있고 바로바로 반응하면 우리는 자아, 타인, 하나님과의 관계에 있어서 한 상태에서 다른 상태로 이행할 준비가 된 것이다. 예를 들어 헨리 나우웬의 「영적 발돋움」에 보면, 첫 번째 양극성은 자아와의 관계와 상관되는 "외로움과 고독 사이의 양극성"이다. 두 번째 양극성은 타인과의 관계의 기초를 이루는 "적대감과 환대 사이의 양극성"이다. 세 번째이자 가장 중요한 양극성은 하나님과의 관계를 구축하는 "망상과 기도 사이의 양극성"이다. 이런 양극들이 "우리가 영적 삶에 대하여 말할 수 있는 정황이 된다"라고 그는 말했다.

이러한 여정 모티프는 진보가 가능함을 암시하지만, 측정 가능한 상승과 누적된 결과물의 의미에서는 아니다. 사회의 진보와 개인의 성취와 인간의 발전을 떠받드는 문화이다 보니 영성 발달과 계발에까지 단계들과 기준들을 적용하는 것은 극히 당연한 일이다. 헨리 나우웬의 말대로, 우리는 다음과 같은 의문들에 너무 신경을 쓰다 못해 아예 거기에 푹 빠질 수 있다. "나는 얼마나 진도가 나갔는가?" "영적 노정에 오른 뒤로 성숙했는가?" "지금 나는 어떤 수준이며 어떻게 다음 수준으로 넘어갈 것인가?" "하나님과 연합되어 있는가?" "깨달음을 경험했는가?"

헨리 나우웬은 이런 의문들을 일축하지 않으면서도 다른 방향을 가리켜 보인다. "많은 훌륭한 성인들은 자신의 종교 체험을 기술했고, 또 다른 성인들은 그것을 여러 순서, 수준, 단계로 체계화했다." 그런 구별이 지침서를 쓰는 이들에게는 유익할지 모르나, "성령의 삶을 말할 때는 측정하겠다는 생각을 버리는 것이 매우 중요하다."[4]

헨리 나우웬은 영적 삶의 다양한 이행들이 서로 명확히 구분되지 않으며 반드시 순차적이지도 않다고 말했다. 하지만 "어떤 주제들은 여러 이행 속에 혹은 짙고 혹은 옅게 되풀이되며, 종종 교향곡의 서로 다른 악장처럼 자연스럽게 맞물린다."[5]

내면생활의 여러 이행과 양극성을 파악해 두면, 영적 삶의 역동적 요소들을 더 잘 알아볼 수 있고, 자아의 심연에서 활동하는 세력들을 더 잘 분별할 수 있고, 하나님의 영이 어떻게 내 삶 속에서 일하시는지 더 명확히 표현할 수 있다.

헨리 나우웬은 이런 되풀이되는 이행들을 노트르담 재직 중에 이해하게 되었고, 예일과 하버드에서 가르치는 내내 저서와 강의를 통하여 계속 그러한 틀을 지적했다. 예컨대, 헨리 나우웬이 초기 저서 「기도의 사람 토머스 머튼」(*Thomas Merton: Contemplative Critic*, 청림출판 역간)에 밝힌 이행들은 "빈정거림에서 관상으로"와 "불투명에서 투명으로"이다. 이후 저서에도 여러 이행을 소개했는데, 대체로 책마다 3가지씩 나오고 각 이행마다 그에 해당되는 훈련이 뒤따른다.

「영적 발돋움」의 경우, 첫 번째 이행 "외로움에서 고독으로"는 침묵 훈련을 요하고, 두 번째 이행 "적대감에서 환대로"는 사역 훈련을 부르고, 세 번째 이행 "삶의 망상에서 마음의 기도로"는 관상 기도와 공동체의 분별 두 가지를 요한다. 「여기 지금 우리와 함께하시는 하나님」에는 "운명론에서 믿음으로, 염려에서 기도로, 머리에서 가슴으로"의 이행들이 있다. 「탕자의 귀향」에 나오는 이행들은 "가출에서 귀향으로, 원망에서 감사로, 용서받은 자에서 용서하는 자로"이다.

딱 하나의 이행만 눈에 띄는 책들도 있다. 「영성의 씨앗」(*Creative Ministry*, 그루터기하우스 역간)에는 "직업 의식에서 창의적 사역으로"의 이행, 「모든 것을 새롭게」(*Making All Things New*, 두란노 역간)에는 "소외에서 공동체로"의 이행, 「긍휼」(*Compassion*, IVP 역간)에는 "경쟁에서 긍

홀로"의 이행, 「마음에서 들려오는 사랑의 소리」에는 "고뇌에서 자유로"의 이행, 「뜨거운 마음으로」(*With Burning Hearts*, 분도출판사 역간)에는 "슬픔에서 기쁨으로"의 이행, 「라이프 싸인」에는 "두려움의 집에서 사랑의 집으로"의 이행이 나온다. 그리고 「죽음, 가장 큰 선물」에서 인간 여정의 마지막 이행은 "노화에서 죽음으로"이다. 헨리 나우웬의 저작에서 모두 26가지의 이행을 찾을 수 있으며, 그중 7가지가 지배적인 것으로 보인다.[6]

성령의 이러한 움직임들은 개인에 따라 그리고 각자의 삶의 시기와 신앙 공동체에 따라 다를 수 있다. 하지만 누구의 영적 삶도, 마치 하나의 이행을 다 떼고 다른 이행으로 넘어가야만 여정이 지속되기라도 하듯이, 결코 정적(靜的)이거나 절대적이거나 완전히 끝나지 않는다. 그보다 우리는 이동 중이며, 우리 삶 속에서 하나님의 활동의 바람이 어느 쪽으로 불고 있는지 분별하는 과정에 있다. 이 과정에는 성령의 미세한 움직임들을 인식하고 짚어 내는 작업이 포함된다. 영적인 삶이란 성령의 리듬에 맞추어 호흡하고, 먼 신앙 길에서 하나님 쪽으로 나아가려 애쓰는 것이다.

❀ 고전적 단계 이론

가톨릭 사제인 헨리 나우웬은 가톨릭 신비 전통의 풍부한 영적 훈련 및 영성 계발 전통을 물려받았다. 기독교의 고전적 영성 발달은 영성 발달을 정화·조명·합일의 3단계로 구분한다. 이는 이스라엘

이 속박에서 해방되어 하나님과의 자유를 얻은 출애굽 사건의 성경적 고찰에 기초한 것이다.[7]

더 깊은 고찰을 통하여 많은 주석가들이 하나님께 가는 여정을 5단계로 구분했다.

  1단계. (욕심의) 자각
  2단계. (정욕의) 정화
  3단계. (하나님의) 조명
  4단계. (영혼의) 어두운 밤
  5단계. (신과의) 합일[8]

사제 생활 초기에 신학생들과 수도원 식구들에게 영성 지도와 감독을 베풀 때만 해도 헨리 나우웬은 사람들에게 합일의 점진적 단계를 거쳐 거룩한 등정의 사다리를 오르려면 고전적 훈련들을 따르라고 조언했다. 영적 완전함을 향하여 야곱의 사다리를 한 단계씩 오르는 것은 고전적 단계 이론의 흔한 이미지요 모티프다.

일찍이 헨리 나우웬은 6세기의 고행자로 사막에서 완전함을 추구했던 성 요한 클리마쿠스의 글을 읽고는 정상에 오르는 것을 단념했다.[9] 목회 심리학 교수로 노트르담대학교에 부임했을 때는 그는 등정의 사다리를 치웠다. 그리고 영성 계발이란 마음이 진퇴를 거듭하는 일련의 수평적 이행으로써, 매일의 헌신과 훈련을 요하며, 신적 완전함이 아니라 인간적 온전함이 그 목표라고 가르쳤다.

헨리 나우웬은 네덜란드 유트레히트의 신학교에서 심리학과 종교학을 공부하고, 네이메겐대학교에서 심리학으로 박사학위를 받고, 캔자스 주 토피카의 메닝거 연구소에서 목회 심리학이라는 새 분야에서 훈련받았다. 그 뒤로 노트르담에서 심리학을 가르치다가 예일과 하버드에서 영성을 가르쳤다.

헨리 나우웬은 종종 자신을 교실을 강단으로 삼는 "겸업 사제"라 칭했다. 사제 겸 심리학자 겸 교수로서 그는 심층 심리학[10]이라는 비교적 새로운 분야와 현대의 많은 심리 발달 이론을 잘 알았다. 이런 교육 배경과 예리한 자기성찰을 통하여 그는 고전적인 영적 가르침들에 자신의 깊어가는 심리사회적 이해를 적용할 수 있었다.

❦ 현대의 단계 이론들

고전적 단계 이론처럼 현대의 단계 이론도 인지 발달, 도덕 발달, 신앙 발달의 구조적 규범들을 가정한다. 장 피아제의 인지 발달 이론(1936년)을 토대로 한 에릭 에릭슨의 고전 「아동기와 사회」(*Childhood and Society*, 중앙적성출판사 역간)는 인생의 여덟 시기를 제시했다(1950년). 이런 초기의 발달 이론들을 바탕으로 1970년대 로렌스 콜버그와 로버트 키건의 작업을 비롯한 인간 발달 단계 이론들이 줄을 이었다.

제임스 파울러의 「신앙의 발달 단계」(*Stages of Faith*, 1981, 한국장로교출판사 역간)는 단계 이론을 인생 전반에 걸친 신앙 발달에 최초로 적용한 책이다. 파울러는 신앙 발달에도 정서나 인지나 도덕 발달처럼 대체로 식별 가능한 발달의 틀이 있다고 보았다.[11] 파울러의 신앙 발달 연구는 하버드대학교에 심겨진 현대 발달 이론들이라는 나무의 한 가지를 이룬다. 에릭슨, 피아제, 콜버그, 키건, 파울러가 모두 하버드에서 가르치고 연구를 수행했으며, 나중에 헨리 나우웬도 성인기 영성 계발을 전환적 이행들로 보는 자신의 개념을 거기서 가르쳤다. 에릭슨과 피아제의 이론적 뿌리에서 양분을 취한 파울러의 단계 이론은 콜버그의 이론의 줄기를 인정하면서 "신앙의 6단계"라는 형태로 좋은 열매를 맺었다.[12]

신앙 발달에 대한 파울러의 구조적 개념을 그간 하버드의 다른 연구자들이 비판하고 확장시켰다. 그중에는 남성 위주의 문화적 규범들에 요긴한 성적 균형과 도전을 제시한 캐럴 길리건과 섀런 팍스도 있다. 로버트 키건은 에릭슨, 피아제, 콜버그, 파울러, 길리건, 파크스가 가정한 다양한 단계 이론들을 통합하려 했고, 삶이 이행—"삶 자체의 부단한 창의적 움직임"—이라는 점을 강조했다. 다른 이론가들이 발달 "단계"라고 한 것을 그는 세상에서 의미를 찾는 평생의 과정에 있어서 "(일시적) 안정의 준거점"이라고 불렀다. 이 6가지 "평형(平衡) 단계들"이 전환적 변화의 환경을 유지해 주는 역할을 한다.[13]

헨리 나우웬은 의식적으로 그런 선행(先行) 이론들을 발전시킨 것도 아니고 발달 심리학이라는 나무에 또 다른 가지를 더하려 한 것도 아니지만, 어쨌든 노트르담에서 시작하여 예일을 거쳐 하버드에서 학계의 삶을 마쳤다. 그러면서 그는 내면에 강력한 양극성들과 긴장들을 품은 채로 영적 인간이 된다는 것이 무슨 뜻이며, 그런 모순 세력들이 어떻게 신앙 여정에 변화의 이행들을 유발하는가에 대한, 독특하고 심오한 관점을 내놓았다. 목회 심리학 분야에서 헨리 나우웬의 창의적이고 통합적인 작업의 결실로 영성 계발에 대한 새롭고 변화 중심적인 비체계적 접근이 나왔다. 헨리 나우웬의 접근을 "불완전함의 영성"이라 부르는 해석자들도 있다.[14]

❊ 영적 여정은 완전함의 추구가 아니다

이행들이 반드시 순차적이거나 점진적이지 않다면, 내면의 양극성들이 결코 완전히 해결되지 않는다면, 그렇다면 영적 진보는 어떻게 가능한가?

헨리 나우웬이 자신과 남들에게서 본 것처럼, 성령의 움직임들은 우리의 평생 동안 계속 순환되는 경향이 있다. 그 진행 순서는 대략적일 뿐 거의 예측할 수 없다. 마치 한 단계에 도달하면 다음, 또 다음 수준이 나오기라도 하듯이 계속 더 높은 단계로 올라서는 것이 아니라 우리는 해결하려는 양극들 사이를 왔다갔다 반복하는 경향이 있다. 예컨대 우리는 "두려움에서 사랑으로" 갔다가 다시 "사랑에서 두려움으로" 돌아오며, 이 역동적 과정은 끝내 완성되지 않는다. 긴장들은 단번에 해결되지 않으며, 이행들은 계속 우리를 변화와 성장으로 부른다. 삶의 어떤 부분을 정복하고 영성 발달의 다음 단계로 넘어가는 것이 아니라 우리는 거듭 기도로, 사랑으로, 하나님과의 친밀함으로 돌아가도록 부름 받았다.

시간이 가고 연습이 늘면, 원망에서 감사로 또는 이 속성에서 저 속성으로 가는 이행이 더 쉬워지고 자연스러워질 수 있다. 결론적으로 헨리 나우웬은 "우리 삶을 동요와 긴장으로 이끄는 여러 양극들을 더 인식하게 되면" 그만큼 우리가 더 솔직해지고, 영적 삶의 실상들을 더 자유롭게 말할 수 있다고 했다. 그 과정에서 우리의 인식, 개인적 자유, 하나님 및 사람들과의 영적 소통이 더 깊어진다.[15]

결국 헨리 나우웬에게 영적 여정이란 완전함의 추구에 있지 않고 공동체와 사명으로 이어지는 관상 기도의 실천에 있다. 영성 계발은 매일의 성찰과 의지적 연습을 요한다. 그러려면 의식을 기르고, 상태를 명명하고, 우리 마음과 삶 속에서 행하시는 성령의 미세한 이행들에 따라야 한다. 간단히 말해서, 인간의 마음이 성령께 열려 있으면, 건강한 이행들과 영성 계발이 예기치 않은 때에 다양한 방식으로 일어난다.

마이클 크리스텐슨

■ 후주

프롤로그

1. 은자 테오판(1815-94)은 러시아 정교회 전통의 유명한 성인으로, 19세기에 『필로칼리아』(*Philokalia*, 은성출판사 역간)를 교회 슬라브어에서 러시아어로 번역한 것으로 알려져 있다. 그는 지속적인 내면 기도—사도 바울이 데살로니가전서에 권고한 "쉬지 말고 기도하라"—의 연습을 가르쳤다. 헨리 나우웬이 인용한 테오판의 말의 원전은 Timothy Ware 편집, 『*The Art of Prayer: An Orthodox Anthology*』 (Faber & Faber, 1966), p. 110에 있다. 헨리 나우웬은 이것을 「영적 발돋움」(*Reaching Out: The Three Movements of the Spiritual Life*, Doubleday, 1975, 두란노 역간)과 「마음의 길」(*The Way of the Heart: Desert Spirituality and Contemporay Ministry*, Seabury, 1981, 분도출판사 역간)에 각각 인용했다.
2. Thomas Hora, 『*Existential Meta-Psychiatry*』 (*Seabury Press*, 1977). 헨리 나우웬은 이것을 "Spiritual Formation in Theological Education"과 「로마의 어릿광대」(*Clowning in Rome: Reflections on Solitude, Celibacy, Prayer, and Contemplation*, Doubleday, 1979, 가톨릭대학교 출판부 역간)에 각각 인용했다.
3. Ware, 『*Art of Prayer*』, p 11.
4. "두려운 신비"(mysterium tremendum)는 루돌프 오토(Rudolph Otto)가 지어낸 표현으로(1958년), 카를 융(Carl Jung)과 그밖의 사람들은 이 말을 인간이 내면생활의 불가항력적 속성과 신비로운 세력들을 대면한다는 의미로 사용했다. "신비"는 신성한 세계의 타자(他者)성을, "두려움"은 사람을 응어리까지 흔들어놓는 내면의 불가항력적 힘을 가리킨다. 헨리 나우웬은 "Generation Without Fathers," 〈Commonwealth〉 92:287-94 (1970년 6월)와 「상처 입은 치유자」(*The Wounded Healer: Ministry in Contemporary Society*, Doubleday, 1972, 두란노 역간) 2장에 "내면의 두려움"(inner tremendum)이라고만 인용했다.
5. 헨리 나우웬은 이 부분을 1972년에 「상처 입은 치유자」 p. 132에 썼다. 거의 40년이 지나서 읽는데도 그의 경고들은 매우 선견지명이 있어 보인다.
6. Anton Boisen, 『*The Exploration of the Inner World*』 (Willett, Clark & Company, 1936). 헨리 나우웬이 다음 글에 인용한 말이다. "Anton T. Boisen and Theology Through Living Human Documents," 〈Pastoral Psychology〉 19 (1968년 9월): 49-63.

7. 헨리 나우웬이 자주 사용한 "가장 개인적인 것이 가장 보편적인 것이다"라는 금언을 안톤 보이슨과 칼 로저스(Carl Rogers)도 사용했다.
8. 거룩한 독서는 다른 영감 있는 글들을 경건하게 읽는 데도 적용할 수 있다.
9. 거룩한 관찰은 (헨리 나우웬이 사용하지 않은) 현대 용어로 편집자들이 『주님의 아름다우심을 우러러』(Behold the Beauty of the Lord: Praying with Icons, Ave Maria Press, 1987, 분도출판사 역간)에 나오는 헨리 나우웬의 선례를 따라 거룩한 독서의 보충 연습으로 사용한 것이다.
10. 성화과 그밖의 그림을 가지고 한 헨리 나우웬의 기도 방식을 더 자세히 알려면 『주님의 아름다우심을 우러러』를 참조하라.
11. Ware, 『Art of Prayer』, p 27.

1. 불투명에서 투명으로

1. 헨리 나우웬에 따르면 머튼은 겟세마네 수도원(Gethsemane Abbey) 수사 모임에서 이 가르침을 베풀었다. 『로마의 어릿광대』 p. 89를 참조하라.
2. John Henry Newman, 『Essays Critical and Historical』, 제2권 (Longmans, Green, and Co., 1901), p. 192.
3. 『로마의 어릿광대』 결론부에서 헨리 나우웬은 신학(theologia)에 이어, 신학적 구분들이 사라지는 단계인 "지복의 환상"이라는 신비로운 교리를 기술한다. 예컨대, "이 경험에 이르면 사역과 관상의 구분이 더 이상 필요 없다. 더 이상 벗어야 할 눈가리개가 없고 모든 것이 보이기 때문이다"(p. 107).
4. 『로마의 어릿광대』, p. 94.

2. 망상에서 기도로

1. 헤시카즘 전통의 내면 기도는 4세기 사막의 교부들로부터 시작되어 시내 산과 아토스(Athos) 산의 수도원들에서 발전되어 오다가 19세기 러시아 성자들(startsi)이 뒤를 이었다. R. M. French 번역, 『순례자의 길』(The Way of a Pilgrim, HarperCollins, 1965, 은성출판사 역간)을 참조하라. 헤시키아(Hesychia)라는 말은 기도로 하나님께 고정된 영혼의 평안과 고요를 가리킨다. 헤시카즘은 마음으로 끊임없이 기도하는 방법으로, 헨리 나우웬의 영성 계발 교과목에 단골로 등장하던 주제다.
2. Ware, 『Art of Prayer』, p 110에 인용된 말이다. 헨리 나우웬이 『마음의 길』에 인용했다.
3. 영적 삶의 이 주요한 움직임에 대한 헨리 나우웬의 자세한 고찰은 『마음의 길』을 참조하라.

4. Jean-Pierre de Caussade, 「*The Sacrament of the Present Moment*」(Harper SanFrancisco, 1989), 제1권 2장 단원3. 코사드는 영성 작가이자 서품 받은 예수회 회원이었다. 헨리 나우웬은 자신의 모든 학생들에게 코사드의 "기도에 관한 작은 책"을 읽을 것을 적극 권했다.
5. 「하나님의 임재 연습」(*The Practice of the Presence of God*, 두란노 역간)은 로렌스 형제가 죽은 1691년에 파리 대주교 고문 조셉 드 보포르(Joseph de Beaufort)가 로렌스의 대화와 서신을 수집하여 출간한 책이다.
6. 헨리 나우웬은 예일과 하버드에서 영성 계발 교과목을 가르칠 때 "쉬지 말고 기도"(살전 5:17)하는 방법으로 로렌스 형제의 예를 자주 들었다.
7. 「마음의 길」, pp. 33-34.
8. Caussade, 「*The Sacrament of the Present Moment*」, 제1권 2장 단원 1.
9. 이 부분은 기도 방법에 대한 헨리 나우웬의 실제적인 가르침을 주로 "Prayer and Ministry: An Interview with Henri J. M. Nouwen," 〈Sisters Today〉 48, no. 6 (1977년 2월): 345-55에서 모아 편집한 것이다.
10. 이 부분은 기도 방법에 대한 헨리 나우웬의 실제적인 가르침을 주로 〈Sisters Today〉지에 실린 인터뷰 "Prayer and Ministry"에서 모아 편집한 것이다.
11. 이 부분은 편집자들이 제공한 것이다.

3. 슬픔에서 기쁨으로

1. 헨리 나우웬이 어머니와의 사별을 어떻게 아버지와 함께 슬퍼했는가에 대한 자세한 묵상은 「위로의 편지」(*A Letter of Consolation*, Harper & Row, 1982, 가톨릭출판사 역간)를 참조하라. 우정의 상실을 슬퍼한 데 대한 비슷한 묵상을 「영성 수업」(*Spiritual Direction: Wisdom for the Long Walk of Faith*, HarperOne, 2006, 두란노 역간) 8장과 「마음에서 들려오는 사랑의 소리」(*The Inner Voice of Love: A Journey Through Anguish to Freedom*, Doubleday, 1996, 바오로딸 역간)에서 볼 수 있다.
2. 데이브레이크는 토론토 근교에 있는 라르쉬 장애인 공동체 이름이다. 거기서 헨리 나우웬은 1985년부터 1996년까지 사제로 섬겼다.
3. 이번 장 "깊이 들어가기" 부분에 누가복음 24장 13-35절에 대한 거룩한 읽기 연습을 실었다.
4. 엠마오 길의 성찬적 임재에 대한 헨리 나우웬의 가장 잘 다듬어진 묵상으로 「뜨거운 마음으로」(*With Burning Hearts: A Meditation on the Eucharistic Life*, Orbis, 1994, 분도출판사 역간)를 참조하라.
5. 이 묵상은 "A Time to Mourn, A Time to Dance"(1977)를 다듬은 것이다.
6. 이 부분은 「춤추시는 하나님」(*Turn My Morning into Dancing: Finding Hope in Hard Times*,

W Publishing Group/Thomas Nelson, 2001, 두란노 역간), p.15와 "Compassion: Solidarity, Consolation and Comfort," America, 1976년 3월, p.199에서 발췌한 것이다.
7. 빈센트 반 고흐의 그림에 나타난 태양에 관한 이 묵상은 "Compassion: Solidarity, Consolation and Comfort"에서 발췌한 것이다. 헨리 나우웬은 1979년 예일대학교 신학부에서 "빈센트 반 고흐의 사역"이라는 교과목을 가르치기도 했다.

4. 원망에서 감사로

1. "여러분은 어떤지 모르지만 이 비유는 나를 미치도록 화나게 합니다." 헨리 나우웬이 수업 시간에 원망과 감사에 대한 강의의 도입으로 이 비유를 읽은 후에 한 말이다. 이번 장은 수업 필기(마이클 크리스텐슨의 1979년 예일대 신학부 강의 필기)와 「집으로 돌아가는 길」(Home Tonight: Further Reflections on the Parable of the Prodigal Son, Doubleday, 2009, 포이에마 역간)에 실린 이 비유에 대한 헨리 나우웬의 묵상을 종합한 것이다. 「집으로 돌아가는 길」 p.84를 참조하라.
2. 헨리 나우웬은 원망에서 감사로 가는 자신의 개인적 여정을 「탕자의 귀향」(The Return of the Prodigal Son, Doubleday, 1992, 포이에마 역간)과 「집으로 돌아가는 길」에 기록했다. 「집으로 돌아가는 길」 p.85-88을 참조하라. 이번 장에서 그는 원망과 감사를 신학 교육, 영성 계발, 가난한 자들을 위한 사역과 연관 지어 고찰한다.
3. 1973년 교회의 정황에서 헨리 나우웬이 말한 "사제 교육"은 영성 계발에, "참된 신학교 교육"은 진정한 기독교 공동체에 해당된다. 이번 장은 편집자들이 그런 개념을 새롭게 다듬어 확장한 것이다.
4. 「춤추시는 하나님」, p.102.

5. 두려움에서 사랑으로

1. 헨리 나우웬의 장로교평화협회(Presbyterian Peace Fellowship) 조찬 연설 중에서. 이 원고의 비슷한 버전들이 「라이프 싸인」(Lifesigns: Intimacy, Fecundity, and Ecstacy in Christian Perspective, Doubleday, 1986, 아침영성지도연구원 역간), p.110과 「평화에 이르는 길」(The Road to Peace, Orbis, 1998, 성바오로출판사 역간), pp.56-57에 실려 있다.
2. 헨리 나우웬은 「소명을 찾아서」(Gracias! A Latin American Journal, Harper & Row, 1983, 성요셉출판사 역간)과 「두려움을 이긴 사랑」(Love in a Fearful Land: A Guatemalan Story, Orbis, 2006, 그루터기하우스 역간)에 사랑과 두려움이라는 주제 및 감사의 선물을 다루었다.
3. 「헨리 나웬의 평화의 영성」(Peacework: Prayer Resistance Community, Orbis, 2005, 성바오로

역간)에 헨리 나우웬은 우리를 두려움에서 사랑으로 이행하게 해 주는 단체적 연습들로 기도, 저항, 공동체를 다루었다. 「라이프 싸인」에서 그는 사랑의 집에는 친밀감, 풍성한 열매, 황홀한 기쁨 등 세 가지 주된 속성이 있다고 했다. 이 특성들은 사랑의 집에 함께 사는 이들의 개인적 은사이자 징후다.
4. 기도, 저항, 공동체의 세 가지 연습을 통하여 두려움에서 사랑으로 가는 국제적 이행에 대한 헨리 나우웬의 비전은 「라이프 싸인」 pp. 111-114를 참조하라.
5. 두려움과 사랑의 주제에 관한 헨리 나우웬의 더 풍부한 묵상과 고찰을 「헨리 나웬의 평화의 영성」에서 볼 수 있다.
6. 이 부분은 "The Mystery of Passion"과 비디오 "*From the House of Fear to the House of Love: A Spirituality of Peacemaking*"(Center for Social Concerns, University of Notre Dame, 2002)과 「주님의 아름다우심을 우러러」에서 각각 발췌하여 다듬은 것이다.
7. 「주님의 아름다우심을 우러러」, p. 20.

6. 배척에서 포용으로

1. Benedicta Ward 번역, 「사막 교부들의 금언」(*The Sayings of the Desert Fathers*, Cistercian Publications, 1975, 은성출판사 역간). 헨리 나우웬이 "The Monk and the Cripple: Toward a Spirituality of Ministry," ⟨America⟩ 142 (1980): 205-10에 인용했다.
2. 방주(方舟)라는 뜻으로 신체장애와 지능장애를 지닌 사람들의 공동체이며 프랑스와 전 세계에 있다. 토론토 인근에는 헨리 나우웬이 살던 라르쉬 데이브레이크 공동체가 있다.
3. 세계관에 닥친 도전, 기대의 무산, 정서의 혼란 등 라르쉬에 도착한 직후에 겪은 심리적 붕괴를 헨리 나우웬은 여러 곳에 기록한 바 있다. 「영성 수업」 pp. 121-123을 참조하라.
4. 토머스 머튼의 1958년 3월 19일자 일기로, 그의 책 「*A Search for Solitude: Pursuing the Monk's True Life*」(1996)에 실려 있다.
5. Thomas Merton, 「*Conjectures of a Guilty Bystander*」 (Doubleday, 1966). 헨리 나우웬이 "Compassion: Solidarity, Consolation and Comfort"에 인용했다.
6. 헨리 나우웬은 로마의 희극작가 테렌스(Terence, BC 185-159)의 말로 알려진 이 친숙한 문학적 표현을 즐겨 사용했다.
7. Thomas Merton, 「*The Wisdom of the Desert: Sayings from the Desert Fathers of the Fourth Century*」 (Shambhala, 2004), p. 71을 참조하라.
8. 이 부분은 Robert Perelli & Toni Lynn Gallagher 편집, HIV/AIDS: The Second Decade (National Catholic AIDS Network, 1995)에 실린 헨리 나우웬의 기사 "Our Story, Our Wisdom," p. 23에서 발췌했다. 이 기사는 1995년 7월 시카고 로욜라대학교(Loyola University)에서 열린 전국 가톨릭 에이즈 네트워크 대회(National Catholic AIDS Network Conference)에서 헨리 나우웬이 한 연설을 그대로 풀어쓴 것이다.

9. Gerhard Kittel & Gerhard Friedrich 편집, 「신약성서 신학사전」(*Theological Dictionary of the New Testament*, 전10권, Eerdmans, 1964-74, 요단출판사 역간)에 따르면, 그리스도의 십자가(stauros)의 형태에는 세 가지 가능성이 있다. "십자가는 중죄를 다스리는 고문의 도구다. …… 형태는 기본적으로 세 가지가 있다. 끝이 뾰족한 기둥만 있는 것도 있고 …… 기둥 위에 가로대를 댄 것도 있고 …… 같은 길이의 두 나무를 교차시킨 것도 있다"(7:572). 같은 길이의 십자가를 원 안에 그리던 취향은 초기 그리스, 비잔틴, 켈트 기독교에서 볼 수 있다.
10. 「여기 지금 우리와 함께하시는 하나님」(*Here and Now: Living in the Spirit*, Crossroad, 1995, 은성출판사 역간), p. 23.
11. 이 부분은 「노인의 영광은 백발」(*Aging: The Fulfillment of Life*, Doubleday, 1974, 한국기독교연구소 역간)에서 발췌하여 다듬고 「여기 지금 우리와 함께하시는 하나님」과 종합한 것이다.
12. R. M. Rilke, 「젊은 시인에게 보내는 편지」(*Letters to a Young Poet*, Norton, 1963, 범우사 역간). "Spirituality and the Family," 〈Weavings〉 3, no. 1 (1988년 1-2월): 9에 인용했다.

7. 죽음을 부정하는 것에서 죽음과 친구가 되는 것으로

1. 「죽음, 가장 큰 선물」(*Our Greatest Gift*, 홍성사 역간) p. 19.
2. 「위로의 편지」(*A Letter of Consolation*, 가톨릭출판사 역간) p. 19.
3. 독일의 신비주의자 야콥 뵈메(1575-1624)가 한 말로 흔히 알려져 있다. 헨리 나우웬이 "A Time to Mourn, a Time to Dance," p. 29에 인용했다.
4. 제임스 힐먼은 헨리 나우웬이 1980년 예일대학교 신학부에서 기독교 영성을 주제로 가르친 세미나에 참석하여, 흔히들 두려워하는 자아의 부분들 및 인간의 현실과 "친해진다"는 개념을 소개하여 토의에 기여했다. 「위로의 편지」, pp. 29-30을 참조하라.
5. 그의 "임사(臨死) 경험"에 대한 자세한 묵상은 「*Finding My Way Home: Pathways to Life and the Spirit*」(Crossroad, 2001)과 「거울 너머의 세계」(*Beyond the Mirror: Reflections on Death and Life*, Crossroad, 1990, 두란노 역간)를 참조하라.
6. 그리스도의 속성과 신성을 우리에게 주신다는 이 고대 기독교 교리는 동방정교회 전통에서 신성화(theosis 또는 deification)로 알려져 있다. 자세한 내용은 Christensen & Wittung, 「*Partakers of the Divine Nature*」를 참조하라.
7. 「자비를 구하는 외침」(*A Cry for Mercy: Prayers from the Genesee*, Doubleday, 1981, 한국기독교연구소 역간), 3월 24일, p. 60.
8. 야코프 뵈메의 격언은 Henry Miller, 「*The Wisdom of the Heart*」(New Directions, 1941)에 인용되어 있고, 헨리 나우웬은 「춤추시는 하나님」에 인용했다.
9. 데이브레이크 공동체 식구 하나가 죽은 후에 헨리의 친한 친구 네이턴 볼(Nathan Ball)

이 헨리에게 던진 질문이다. 헨리 나우웬은 이 질문이 "나를 어떻게 잘 살 것인가만 아니라 어떻게 잘 죽을 것인가라는 커다란 도전에 직면하게 했다"라고 말했다. 「*Our Greatest Gift: Meditation on Dying and Caring*」(HarperCollins, 1994) 서문을 참조하라.

10. Joseph Cardinal Bernadin, 「평화의 선물」(*The Gift of Peace*, Loyola Press, 1997, 바오로딸 역간), pp. 127-128.
11. 전국 에이즈 네트워크 총무 로드니 디마티니 사제가 1995년 7월 20-25일 시카고 로욜라대학교에서 열린 1995년 전국 가톨릭 에이즈 네트워크 대회에서 나눈 묵상이다. 거기서 그는 기조 연사 헨리 나우웬을 이렇게 소개했다. "산을 오르려면, 산의 폐허와 절경을 통과하려면 길잡이가 필요합니다. 올라갈 때와 물러설 때, 꽉 붙잡을 때와 놓을 때를 아는 노련한 등반가가 필요합니다. 헨리 나우웬이 그런 길잡이입니다. 네덜란드 유트레히트 대교구 사제인 그는 노트르담, 예일, 하버드에서 가르친 경력과 영혼의 삶을 담아낸 수많은 저서로 북미에 잘 알려진 분입니다. 심리학자, 신학자, 작가, 영성 지도자인 헨리는 1986년부터 온타리오 주 라르쉬 데이브레이크 공동체 사제로 섬기고 있습니다. 라르쉬의 경험을 통하여 그는 세상이 장애인들과 능력 있는 자들로 구분되지 않음을 우리에게 깨우쳐 주었습니다. 우리는 그보다 더 연합되어 있습니다. 어떤 의미에서 우리는 다 장애인이며, 깊은 의미에서 우리는 다 능력이 있습니다. 공동체로 모여 서로 사랑할 수 있다는 점에서 능력 있는 인간들입니다. 이 좋은 여름날 아침에 다 같이 헨리 나우웬을 환영합시다. 그가 우리를 인도하여 영혼의 산에 오를 것입니다. 폐허의 골짜기를 지나 사물이 새롭게 보이는 경치로 데려갈 것입니다. 헨리 나우웬을 맞아 주십시오."
12. 이 부분은 "Compassion: Solidarity, Consolation and Comfort"를 다듬은 것이다.

에필로그

1. Elizabeth O'Connor, 「*Journey Inward, Journey Outward*」(Harper & Row, 1968).
2. 헨리 나우웬의 「영성 수업」 부록 2 "영성 지도자를 찾는 법"을 참조하라.

엮은이의 글 1

1. 헨리 나우웬이 이해한 내면의 양극성들과 영성 계발의 역동성이 신앙 발달 연구 역사에서 단계 이론들과 어떻게 관계되는지는 엮은이의 글 2에 실린 마이클 크리스텐슨의 고찰을 참조하라.
2. 거룩한 독서(*lectio divina*)라는 용어는 편집자들이 여러 워크숍과 피정에서 다년간 사용해 왔지만, 거룩한 관찰(라틴어로 *visio divina*)은 현대식 기도와 명상을 전문으로 하는 웹사

이트들에 나타나기 시작했다. 고래의 연습인 거룩한 독서와 결합된 포스트모던의 연습인 거룩한 관찰은 신성한 말과 그림을 통하여 거룩한 창의력을 발휘하여 하나님과 소통하려는 통합적, 감각적, 영적 접근이다.

엮은이의 글 2

1. 「영적 발돋움」, p. 10.
2. "Communion, Community and Ministry."
3. 이 책의 프롤로그를 참조하라.
4. 「영적 발돋움」, p. 10.
5. 「영적 발돋움」, p. 12.
6. 이 책의 장 제목들을 참조하라.
7. Dionysius, 「The Celestial Hierarchy」, 3장과 그밖의 부분들을 참조하라.
8. Gregory of Nyssa, 「모세의 생애」(Life of Moses, 은성출판사 역간)와「From Glory to Glory」 그리고 완전해짐과 하나님께 올라감에 관한 다른 많은 교부들의 저작을 참조하라.
9. John Climacus, 「거룩한 등정의 사다리」(The Ladder of Divine Ascent, 은성출판사 역간). 헨리 나우웬이 「영적 발돋움」 p. 9에 인용했다.
10. 심층 심리학이라는 광범위한 용어는 인간 경험의 미세한 움직임들과 무의식적인 부분들을 의식의 빛 안으로 끌어내 탐구하는 것을 말한다. 개인의 감정, 동기, 꿈, 콤플렉스, 모티프, 원형 등을 들추어내 명명하고 다룸으로써 치유와 온전함이 가능해진다. 헨리 나우웬 스스로 자신을 심층 심리학자로 보지는 않겠지만 그는 카를 융, 안톤 보이슨, 제임스 힐먼 등 많은 심층 심리학자들의 영향을 받은 것으로 보인다.
11. James W. Fowler, 「신앙의 발달 단계」(Stages of Faith: The Psychology of Human Development and the Quest for Meaning, HarperSanFrancisco, 1981, 한국장로교출판사 역간). 파울러는 또한 신앙 발달 이론에 관한 자신의 첫 기사가 출간된 지 30년 후에 "Faith Development at 30: Naming the Challenges of Faith in a New Millennium," 〈Religious Education〉 99, no. 4 (2004년 가을)이라는 기사에 신앙 발달 연구 분야의 등장을 요약했다.
12. 파울러에 따르면, "우리가 신앙으로 상상하고 신앙에 헌신하는 방식들은 우리가 일반적으로 뭔가를 알고 평가하는 방식들과 긴밀한 상관관계가 있다." 그는 신앙이 명사라기보다 동사라고 주장한다. 신앙은 특정 신앙 전통의 내용물이자 실천들이면서 동시에 의미를 창출하는, 하나님께 대한 헌신이다. "신앙은 우리를 삶과 삶의 목적으로 이끌어 주고, 창조 세계와 그것의 기원, 그것의 질서, 무수한 형태와 종류의 생명에 대한 그것의 수용력, 그것의 신비로 이끌어 준다." 아울러 신앙 발달 이론은 윤리학, 신학, 영성에도 실제적인 차원에서 시사하는 바가 많다. Folwer, "Faith Development at 30"을 참조하라.

13. Kegan, 「The Emerging Self: Problem and Process in Human Development」, Harvard University Press, 1982). 키건의 작품을 이전 사람들의 작품과 연관 지어 요약한 내용은 Joseph Powers, S. J., "Faith as Creative Assent," 〈Kerygma〉 24 (1990): 193-207을 참조하라.
14. Wil Hernandez, 「Henri Nouwen: A Spirituality of Imperfection」(Paulist Press, 2006)을 참조하라. 영성 계발에 관한 비슷한 접근으로 Richard Rohr의 오디오 시리즈 *"The Spirituality of Imperfection: Wisdom for the Second Half of Life"* (St. Anthony Messenger Press, 2009)를 참조하라.
15. 「영적 발돋움」, p. 10.